趣"玩"篮球

小学生篮球课程设计

耿怀明 著

上海交通大学出版社
SHANGHAI JIAO TONG UNIVERSITY PRESS

内容提要

本书是常州市新北区龙虎塘实验小学校本篮球课程改革成果。围绕小学生篮球课程设计展开，在充分考虑学生需求、教师专业特点、学校办学条件等综合因素基础上，不断打磨整合，按年级分类设置了课程目标、课程内容、实施方案、评价标准等。

全书集知识性与趣味性于一体，适合小学体育教师、篮球爱好者阅读借鉴。

图书在版编目(CIP)数据

趣玩篮球：小学生篮球课程设计/耿怀明著. —
上海：上海交通大学出版社，2023.4
ISBN 978-7-313-27933-0

Ⅰ.①趣⋯ Ⅱ.①耿⋯ Ⅲ.①篮球运动—体育教学—课程设计—教学研究—小学 Ⅳ.①G623.8

中国版本图书馆 CIP 数据核字(2022)第 216999 号

趣玩篮球：小学生篮球课程设计
QU WAN LANQIU：XIAOXUESHENG LANQIU KECHENG SHEJI

著　　者：耿怀明				
出版发行：上海交通大学出版社		地　　址：上海市番禺路 951 号		
邮政编码：200030		电　　话：021-64071208		
印　　制：江苏凤凰数码印务有限公司		经　　销：全国新华书店		
开　　本：710mm×1000mm　1/16		印　　张：12.75		
字　　数：209 千字				
版　　次：2023 年 4 月第 1 版		印　　次：2023 年 4 月第 1 次印刷		
书　　号：ISBN 978-7-313-27933-0				
定　　价：68.00 元				

序

学校体育是实现教育立德树人根本任务、提升学生综合素质的基础性工程,具有以体育智、以体育心、以体育人的独特功能。

篮球运动是一项极具魅力的体育项目,在我国具有广泛的群众基础,深受少年儿童喜爱。小学生参与篮球运动,能在奔跑、跳跃、运球、传球和投篮的过程中提高基本活动能力,促进生长发育,全面提高身体素质;能在瞬息万变的运动场上,提高应变能力,享受运动乐趣;能在激烈对抗的环境里,磨炼意志、发展个性和塑造人格;能在协同配合的活动中,培养团队意识和集体主义精神;能在篮球比赛的观赏中,培养健康的审美情趣,丰富课余文化生活。

我国幅员辽阔,不同地区的经济社会发展水平和对学校体育课程的要求存在明显差别。《义务教育体育与健康课程标准》对篮球教学的具体内容未作明确规定,因而,小学篮球校本课程的开发与创编,就成为篮球课程开发与教学前首先需要解决的课题。《趣玩篮球:小学生篮球课程设计》从篮球运动的课程开发入手,着重研究和实践适合小学段学生的篮球课程教学内容、教学方法和教学手段,并根据不同年级学生的特点,有针对性地进行教学,取得了阶段性成果。作为常州市新北区篮球传统校和布点校,这无疑是一项具有现实意义的工作。

常州市新北区龙虎塘实验小学创办于1913年,是一所具有悠久办学历史与深厚文化底蕴的百年老校。学校秉承"让每个学生都拥有成功的机会,让每个教师都拥有创新的舞台,让每个家庭都拥有回报的欢乐"的教育理念,把校本课程的开发和实施摆在重要位置。学校充分考虑学生的需求、教师的专业特点、学校的办学条件等综合因素,激励教师积极主动地参与教学课程的建设与开发,开设丰富多彩的校本课程,为学生提供更多的选择。

耿怀明是我的研究生,在校期间学习认真、训练刻苦,具有较强的科研能力。看到自己的学生毕业后在龙虎塘实验小学这所名校中健康发展、卓有成绩,我由衷地感到高兴。我相信,篮球运动的独特魅力一定能在新时代学校教育中发挥立德树人的重要作用。借此机会,祝愿耿怀明和他的团队不断取得新的进步! 祝愿龙虎塘实验小学不断开创新的辉煌!

首都体育学院硕士生导师　余丽华

2022 年 10 月于北京

目　　　录

第一章 小学生篮球课程开发

第一节 课程开发背景

一、课程简介

"球球一族"校本课程与其他几门课程并列作为常州市新北区龙虎塘实验小学(简称龙小)拓展类课程,近几年经过不断打磨整合,成为综合学科唯一一个选修校级品牌课程。"趣玩篮球"是"球球一族"校本课程的主类目,通过这个课程的开发,我们制定了小学生篮球课程目标,设计了小学生篮球课程内容,打造了小学生篮球课程结构,最终建立了具有龙小特色的篮球校本课程评价体系。在这个过程中,我们做了以下工作。首先,组建并完善校长领衔,术科主任牵头,体育组全员参与的领导小组。其次,落实研究人员,明确课程内容,落实课程负责人与成员责任。再次,加强理论学习,要求相关教师认真阅读相关课程开发类专著,关注国内外篮球课程教学的改革动态,指导日常课堂教学实践。最后,建立研讨制度,转移课堂资源,应用于大课间、课外活动以及诗意体育节,丰富课余生活。

随着课程改革的推进,"趣玩篮球"校本课程的参与人数由一个班扩展到一个年级,进而辐射到全校六个年级,形成了每周一下午1课时,每学年32课时,共192课时的系列课程。同时学校聘请"飞鹰"篮球训练营加入,进一步提升了篮球课的教学效果。

二、课程开发的必要性

《义务教育体育与健康课程标准》和《普通高中体育与健康课程标准》都未确定篮球课程具体的教学内容，而龙小一直保有篮球文化的传统，特别是学校的女子篮球队，在区、市比赛中，每次都能取得前三名的好成绩。在这种篮球文化氛围中，学生既是受益者，也是文化的创造者与传播者。他们不仅能分享学校过去的成就，还能参与学校现今的发展过程。

2011年，龙小搬进新校区，学校的硬件设施发生了翻天覆地的变化。然而，篮球课程教学内容的编排因没有充分考虑到小学阶段学生的认知特点和身心发展规律，在实际的教学过程中技能目标难以实现，整体教学效果并不理想。为此，学校紧紧围绕整体教学思路，结合小学体育教学特点和小学生的身心发展规律，对龙小的篮球运动进行了课程开发，拟从整体上重新构建龙小的篮球教学目标和教学内容。笔者作为一线教师，有幸参与其中，并形成了一系列教学成果。

三、课程开发调研

(一) 评估学生、教师发展的需求

课程开发前，笔者与龙小部分学生和教师进行了座谈（见表1-1），并发放了无记名调查问卷，以此调查学生和教师对篮球校本课程开发的认知现状，分析现存问题背后的深层原因，并通过查找有关文献资料或走访专家，对症下药，寻找解决问题的有效策略，以确定进行篮球校本课程开发的可能性。

表1-1 学校班级分布及调研座谈班级情况

年级分布	一年级	二年级	三年级	四年级	五年级	六年级
班级总数	12	12	12	11	9	11
抽取班级	4	4	4	3	2	3

发放的问卷数量根据年级分布情况来确定，每个年级发放10份教师问卷，共计60份。具体的发放、回收及有效问卷情况如表1-2所示。

表1-2　教师调查问卷发放情况

分区	一年级	二年级	三年级	四年级	五年级	六年级	总计
问卷发放数(份)	10	10	10	10	10	10	60
问卷回收数(份)	10	9	10	10	10	8	57
问卷有效数(份)	10	9	10	9	10	8	56
有效率(%)	100	90	100	90	100	80	93

在全校67个班级中,每个班级随机抽取3名学生进行问卷调查,共计发放201份问卷。关于学生问卷的发放、回收及问卷有效情况如表1-3所示。

表1-3　学生调查问卷发放情况一览

分区	一年级	二年级	三年级	四年级	五年级	六年级	总计
问卷发放数(份)	36	36	36	33	27	33	201
问卷回收数(份)	35	36	36	33	26	33	199
问卷有效数(份)	35	35	34	33	25	32	194
有效率(%)	97.2	97.2	94.4	100	92.5	96.9	96.5

(二) 评估社会发展和家长的需要

近年来,随着社会发展、人民生活水平的提高,人们对教育的需求呈现出多样化。作为一所城乡接合部学校,只有迎合社会的教育需要,创建属于自己的教学品牌,才能获得社会及家长的认同。前期的家长问卷调查显示,90%以上的家长认为学校开发篮球校本课程顺应了社会需求,符合时代发展,有利于学生身心成长。

(三) 评估学校优势

龙小是一所百年老校,作为区篮球传统校已有30多年历史,学校篮球氛围积淀良好,2016年与常州市篮球运动学校达成合作,成为常州市女子篮球训练基地。2018年学校申报全国青少年篮球特色学校并顺利通过,是新北区唯一获此殊荣的学校。学校篮球场地设施完善,篮球专项师资力量强大,在各类篮球比赛中屡获佳绩,社会反响良好。

综上,龙小篮球校本课程开发具有以下优势。

(1)篮球师资充足。既有篮球教学训练学毕业的硕士研究生教师,也有篮球专项的专职教练,师资配备完整,为篮球教学与训练提供了充足条件。

(2)硬件设施完善。学校有一个篮球馆、两片完整的室外篮球场。此外,与常州市篮球运动学校的合作给篮球运动的实施和开展提供了良好的保障。

(3)篮球氛围积淀丰实。学校篮球文化墙装点到位,学生及家长对学校篮球运动开展情况赞誉有加,特别是全国篮球特色学校以及常州市女子篮球基地的成功申报,让很多家长愿意将有天赋的孩子交到龙小教练手中,走篮球特长发展之路。

第二节 课程目标

一、课程总目标

篮球课程对于实施素质教育,培养学生的爱国主义、集体主义精神,促进学生德、智、体、美全面发展具有重要意义。通过篮球课程的学习,学生将掌握篮球的基础知识、基本技能与方法,增强体能;学会学习和锻炼,发展篮球实践和创新能力;体验运动的乐趣和成功,养成体育锻炼的习惯;发展良好的心理品质、合作与交往能力;提高自觉维护健康的意识,基本形成健康的生活方式和积极进取、乐观开朗的人生态度。

篮球课程分为运动参与与健康、运动知识与技能、心理健康与社会适应三个方面,各方面的目标如下。

(一)运动参与与健康

运动参与与健康的实施目标如下。①参与篮球学习和锻炼,通过丰富多彩的内容、形式多样的方法,在小学阶段注重引导学生体验篮球运动的乐趣,激发、培养学生对篮球运动的兴趣,参与课内外篮球活动,了解篮球运动中常见的扭伤、戳伤、撞伤的简单处理方法,提升自身保健和康复能力。②了解篮球项目的起源和历史发展,知道篮球项目来源于生活;发展体能,提高适应环境变化的能力,形成关注自身健康的意识和行为。引导学生懂得营养、行为习惯和疾病预防对身体发育和健康的影响,具有能测试和评价自身体质健康状况的能力。③体验篮球游戏带来的乐趣和成功喜悦,提高适应自然环境的能力,结合篮球课的学习,安排切实可行的锻炼计划,掌握锻炼身体的基本知识和方法,能合理选择人体需要的营养食品,养成良好的行为习惯,形成健康的生活方式,具有健康体魄。

(二) 运动知识与技能

运动知识与技能的目标如下。①学习篮球运动项目相关知识,包括篮球发展史、篮球裁判法、篮球技战术、体能训练、常见损伤处理等基本知识,形成全面的篮球知识系统。②掌握篮球运动技能和方法,在小学阶段,注重篮球游戏学习,发展学生的基本运动能力,使之逐步掌握篮球运动所授基本技术和战术配合,能合理运用篮球技术的学习方法,科学地进行锻炼,提高运动能力。③增强安全意识和防范能力,通过系统的学习,能够在生活和比赛中,对突发情况做好安全防范以及应变,做到防范在前,并逐步转换到生活中,形成防范能力,减少运动损伤。

(三) 心理健康与社会适应

心理健康与社会适应的目标如下。①培养学生的自信心和坚强的意志品质,使之在比赛中逐渐形成胜不骄、败不馁的拼搏精神,培养学生自尊、自信、不怕困难、坦然面对挫折的品质,促进学生的可持续发展。②借助篮球训练和比赛,提升学生的社会适应能力,使之掌握自我调控情绪的方法以及与人交往的能力。③通过篮球课的学习和锻炼,不断提高学生体育文化和道德修养,使之在各类体育活动中表现出良好的体育道德和团结合作精神,正确处理竞争与合作的关系,提高社会适应能力和组织能力。

运动参与与健康、运动知识与技能、心理健康与社会适应三个方面是一个相互联系的整体,各方面的目标主要通过身体练习的过程予以实现,不能割裂开来进行教学。

二、篮球课程分段目标

根据年级,对篮球校本课程按水平分成三个等级,分别制定不同教学目标(见表1-4)。

表1-4　篮球校本课程分段目标一览

目标分项	水平一（一、二年级）	水平二（三、四年级）	水平三（五、六年级）
运动参与与健康	上好篮球课并积极参加课外篮球游戏。了解篮球运动的保健知识和方法，形成正确的身体姿态，初步发展柔韧性、灵敏性和平衡能力	上好篮球课并积极参加课内外、校内外篮球活动。初步了解疾病预防知识，改善体形和身体姿态，发展柔韧性、灵敏性、速度和力量，增强适应能力	喜爱篮球运动，积极参加课内外篮球活动，形成自觉锻炼的习惯，具有一定的欣赏篮球比赛的能力。结合篮球课的学习，安排切实可行的锻炼计划，掌握锻炼身体的基本知识和方法，能合理选择人体需要的营养食品，养成良好的行为习惯，形成健康的生活方式，具有健康体魄，提高灵敏性、力量、速度和心肺耐力
运动知识与技能	学习篮球场地器材使用的基本知识，掌握基本的篮球运动技术和篮球游戏，初步了解安全运动以及日常生活中有关安全避险的知识和方法	学习篮球基本知识及规则，体验运动过程并了解动作名称的含义。提高基本身体活动和完成篮球游戏的能力，初步掌握多种篮球运动的方法，重视篮球运动及日常生活中的安全问题	丰富篮球运动的知识，能够运用篮球运动的技术方法进行自主篮球学习和锻炼，初步掌握篮球运动损伤及常见意外伤害的预防与简易处理方法
心理健康与社会适应	努力完成当前的篮球学习任务，感受篮球活动对情绪的积极影响，在篮球运动中适应新的合作环境并尝试保护和帮助同学	坚持完成有一定难度的篮球活动，在篮球运动和游戏中保持积极稳定的情绪，乐于交流与合作，遵守篮球运动规则并初步自我规范体育行为	通过自觉参与篮球课的实践活动，改善心理状态，提高抗挫折能力，养成积极乐观的生活态度，在运动中感受乐趣，体验成功的喜悦。在各类体育活动中表现出良好的体育道德和团结合作精神，正确处理竞争与合作的关系，提高自身的社会适应能力和组织能力

第三节　课程内容

在明确教学目标的基础上，本书构建了龙小普选班篮球课程内容框架，旨在培养学生对篮球课程的兴趣，全面增强体质，重点提高力量、身体协调性和奔跑能力。普选班课程内容框架分为三个水平段细化总类目、分类目以及细化类目,具体内容见表1-5。

表1-5　篮球课程普选班内容框架

水平一

总类目	分类目	细化类目	
		一年级	二年级
篮球理论 (2学时)	常识介绍类	篮球	观看比赛
		场地	队员位置
		器械	比分算法
篮球体验 (10学时)	体验游戏类	无球合作游戏 ("抬花轿"、三线往返)	无球合作游戏 (三角跑、往返"毛毛虫")
		单人有球游戏 (运球比多、运球比快)	单人有球游戏 (直线运球、传球进圈)
		多人有球合作游戏 (抱球往返跑、运球 比快、原地传接球)	多人有球合作游戏 (运球接力往返跑、慢跑传接球)
篮球技术 (14学时)	基本技术类	原地拍球	计时拍球
		高低运球	行进间高低运球
		原地双手胸前传接球	原地击地传接球
		投篮	投篮
		比赛	比赛
篮球体能 (6学时)	综合素质类	弹跳类 (原地立卧撑、蹲跳起)	弹跳类 (蛙跳、跳台阶)
		综合跑类 (半场往返跑、 四分之三场地跑)	综合跑类 (半场跑、四分之三场地跑)
		反应类 ("长江黄河"、听信号跑)	反应类 ("长江黄河"、听信号跑)

水平二

总类目	分类目	细化类目	
		三年级	四年级
篮球理论 (三年级:2学时) (四年级:4学时)	常规知识介绍	篮球起源	犯规手势
		违例手势	伤后处理 (拉伤、手指戳伤等)
篮球体验 (三年级:10学时) (四年级:8学时)	体验游戏类	速度竞赛游戏 (原地追拍跑、折返跑比赛)	速度竞赛游戏 (四线往返跑、触线往返跑)
		无球合作游戏 (攻占营门、换球互追)	无球合作游戏 (三角跑、往返"毛毛虫")
		单人有球游戏 (看号追人、争抢"三线")	单人有球游戏 (头-腰-膝绕球比多、跳绕比多)
		多人有球合作游戏 (穿越"小树林"、圆圈接力)	多人有球合作游戏 (四角跑动传接球、 体前变向换手运球接力)
篮球技术 (14学时)	运球	原地运球 (原地推拨球、体前左右运球)	原地运球 (原地换手运球、胯下运球)
		直线运球	障碍运球
		运球急停急起	带防守的急起急停
	传接球	双手胸前传接球	行进间传接球
		反弹球	行进间反弹球
	投篮	单手肩上投篮(男) 双手胸前投篮(女)	规定距离投篮
		原地投篮	不同距离投篮
		运球投篮	三步上篮
	防守	了解各种断球方法	观看视频
		抢断球游戏	三人对练
		卡位	半场卡位练习
篮球体能 (6学时)	综合素质	弹跳类 (蛙跳、跳台阶)	弹跳类 (蛙跳、跳台阶)

（续表）

总类目	分类目	细化类目	
		三年级	四年级
篮球体能 （6学时）	综合 素质	综合跑类 （四分之三场地跑、往返跑）	综合跑类 （四分之三场地跑、三角跑）
		力量 （腰腹肌、手臂力量）	力量 （传接球仰卧起坐）

水平三

总类目	分类目	细化类目	
		五年级	六年级
篮球理论 （五年级：4学时） （六年级：2学时）	常规知识介绍	比赛通识（违例的判罚）	比赛通识（犯规的判罚）
		学生执裁演示	学生执裁演示
		一般损伤处理	伤后处理（脚扭伤、摔伤）
篮球体验 （8学时）	游戏体验过程	速度竞赛游戏 看号追人、争抢"三线"	速度竞赛游戏 （四线往返、触线10次往返跑）
		无球合作游戏 （两人三足、滑步游戏）	无球合作游戏 （三角跑、往返"毛毛虫"）
		单人有球游戏 （快快动起来、看谁反应快）	单人有球游戏 （球性练习、运球一对一）
		多人有球合作游戏 （四角传球、喊数抱团）	多人有球合作游戏 （攻占"营门"、换球互追）
篮球技术 （12学时）	基本技术过程	障碍运球	过障碍运球
		一对一运球过人	快传上篮
		变速变向运球	无防守一对一
		传接球游戏	有防守一对一
		传接球上篮练习	一对一攻防练习
			一对一攻防练习（有防守）
			"8"字传接球
		行进间单手肩上投篮（男） 行进间双手胸前投篮（女）	投篮
		三步上篮	三步上篮

（续表）

总类目	分类目	细化类目	
		五年级	六年级
篮球战术 （4学时）	进攻防守战术	投篮比赛	五点位投篮
		挡拆战术（半场演练）	挡拆战术（全场演练）
		突分战术（半场演练）	突分战术（全场演练）
篮球体能 （6学时）	综合素质练习	综合素质	综合素质 1. 绳梯组合练习、游戏 2. 核心组合练习、游戏
		反应练习 力量练习 速度练习 弹跳练习 柔韧练习	力量练习 灵敏练习 速度练习 反应练习 弹跳练习 柔韧练习

第四节 课程评价

评价内容注重综合素质的提高，由一元走向多元，从终结性评价转变为终结性评价和过程发展性评价相结合，实施全面评价。不仅要对学生掌握的篮球技能和知识做出评价，更应该注重对学生认知能力、思维水平、情感态度和身体素质方面进行整体评价，注重这些方面的变化。

评价方法

（1）填写校本课程"收货单"。

（2）撰写篮球感悟日记。

（3）撰写篮球训练计划日记。

（4）教师评语。

（5）制订学习任务完成度评估表，及时对课程的进程和效果进行了解反馈。对学生运动技能发展、学习态度和行为变化、情感变化等方面进行自我评价和相互评价（见表1-6）。

表1-6 学习任务反馈

	优秀级	良好级	合格级	不合格级
学习任务	表现优秀、态度积极	能够完成各项任务，遵守课堂常规	进步明显,但动作技能并不标准	水平低且进步不大
体能				
知识与技能				
学习态度				

（6）对课堂实施反馈数据的采集主要通过以下三点。第一,学生方面,通过课堂观察及询问,以及反馈表的使用,及时调整课堂进度及难点突破;第二,教师方面,利用每周三的术科教研活动,对课程实施中遇到的问题集体分析讨论并提出相应的对策;第三,领导小组每个月召集课程核心组成员集体讨论,并聘请南京师范大学吴永军教授定期指导,助力课程不断优化。

第五节 课程反思

一、课程实施成果分析

篮球课程作为龙小的品牌课程,也是一门特色课程,基于申报并成功入围全国青少年篮球特色学校这一背景,篮球课程的实施效果表现突出,主要体现在以下几方面:①通过"以实为先、以研促教",提升了教师课程开发意识,促进了教师专业发展,形成了教师的篮球教学特长;②通过"领会式"教学法和"篮球多维度评价"强化了学生的篮球技能和专项身体素质,提高了学生的积极情绪和自信心,完善了个性特征,形成了特色之路;③通过学生在各种篮球文化体育活动中养成的"体育生活化,生活体育化"的参与意识,进一步夯实了龙小篮球传统特色,营造了浓厚的篮球文化氛围。

二、课程实施中的不足

随着对校本课程开发及研究的不断深入,实践中的问题也日益凸显。例如,专业质量及学术性得不到保障;评价机制不够健全;体育教师理论水平参差不齐,教学设计的撰写滞后;体育教师本身工作量大,对持久进行课程研究缺乏积极性等。

三、未来改进思考

(1) 分层次开展体育校本课程培训,借助校外力量,提高教师的课程开发水平和创新能力。每学期除正常的教研活动外,单独组织课程组成员学习、交流和总结。

(2) 注重理论引导及人文关怀。在实施过程中,学校领导既是引导者,又是同行者,应及时了解需求,努力解决问题,并创设奖励机制以激发教师的参与积极性。

(3) 优化场地设施,做好晴天、雨天两手准备,确保校本课程正常、有效地开展。

(4) 寻求合作,实现资源共享的最优化。学校之间的相互合作,不但能增强校本课程开发的实力,还能实现人力、物力资源的共享。

第二章 一年级教学设计

一年级教学设计分为篮球理论、篮球体验、篮球技术、篮球体能四大模块。

第一节 篮球理论

本节主要对篮球、场地以及常规器械的有关常识进行介绍,促进学生认知,共 2 学时,教案详见表 2-1。

表 2-1 一年级篮球理论教案

序号	教学内容	教学目标
1	篮球常识(一)	1. 学生初步了解篮球,认识篮球 2. 学生主动参与篮球理论学习,认识篮球场地 3. 学生在篮球教学中提升兴趣,体验篮球运动带来的乐趣和成功的喜悦 4. 培养学生不怕困难、迎难而上的精神,并促使其做到自律、自强,不乏个性张扬
2	篮球常识(二)	1. 学生对篮球有更深层次的理解 2. 学生主动参与篮球理论学习,认识篮球场地和场上位置 3. 培养学生不怕困难、迎难而上的精神,并促使其做到自律、自强,不乏个性张扬

具体分课时实施如下。

第1课时 篮球常识(一)

1. 常规积累

(1)集合整队;(2)师生问好;(3)宣布教学内容和学习目标。

2. 过程推进

认识并了解篮球场上位置:①组织后卫,②得分后卫,③小前锋,④大前锋,⑤中锋(见图2-1)。

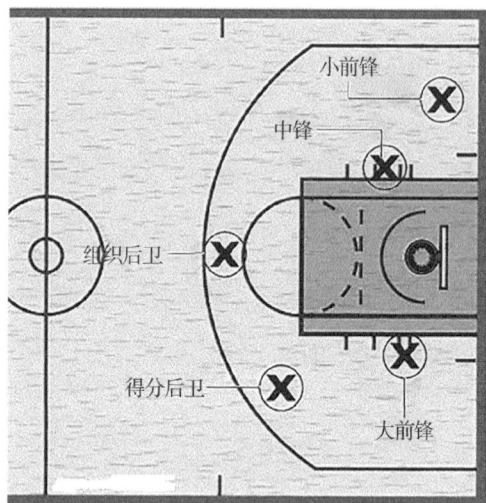

图2-1 篮球队员位置分布

3. 拓展延伸

(1)课后上网搜索了解国内篮球各个位置的知名运动员;(2)小结本课。

第2课时 篮球常识(二)

1. 常规积累

(1)篮球馆集合,检查着装,安排见习生;(2)宣布本课教学内容和学习目标;(3)慢跑热身;(4)专项拉伸;(5)学习儿歌《小狗抬花轿》。

2. 过程推进

(1)学习儿歌《小狗抬花轿》引出主题,玩"抬花轿"游戏(见图2-2)。(2)学习"抬花轿"的各种玩法。

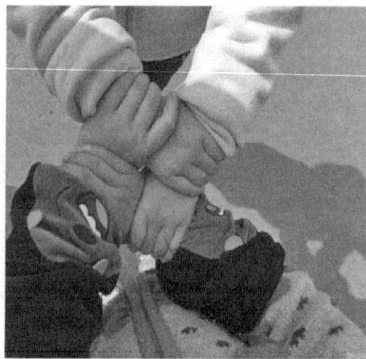

图2-2 学生"抬花轿"练习

3. 拓展延伸

(1)课后搜索"抬花轿"的多种玩法;(2)小结本课。

第二节　篮球体验

篮球体验主要为游戏类课程,共 10 学时。在正式接触技术学习前进行游戏体验,主要内容包括无球合作游戏("抬花轿"、三线往返)、单人有球游戏(运球比多、运球比快)、多人有球合作游戏(抱球往返跑、运球比快、原地传接球等),详见表 2-2。

表 2-2　一年级篮球体验课程教案

序号	教学内容	教 学 目 标
1	游戏:"抬花轿"	1. 学生通过游戏探索"抬花轿"的各种玩法 2. 学生通过对"抬花轿"动作的练习,锻炼上肢力量,培养探索能力 3. 学生在游戏活动中提高团结协作能力,培养竞争与合作意识
2	游戏:三线往返	1. 学生通过游戏掌握拍球和三线往返的技术方法 2. 学生通过三线往返的练习,发展灵敏和快速移动能力 3. 学生在游戏活动中提高团结协作能力,培养竞争与合作意识
3	单人有球游戏:运球比多	1. 学生通过运球学习,发展上肢力量,提高自身的灵敏性和反应能力 2. 学生通过运球学习,了解和基本掌握运球的技术动作,体验篮球运动带来的乐趣和成功的喜悦 3. 学生在活动中提高团结协作能力,培养竞争与合作意识
4	单人有球游戏:运球比快	1. 学生通过运球学习,发展上肢力量,提高自身的灵敏性和反应能力 2. 学生通过运球学习,了解和基本掌握运球的技术动作,体验篮球运动带来的乐趣和成功的喜悦 3. 学生在活动中提高团结协作能力,培养竞争与合作意识
5	多人有球合作游戏:夹球竞速	1. 学生通过夹球竞速游戏体验篮球运动的乐趣 2. 学生通过对夹球竞速的练习,提高速度与快速移动能力 3. 学生在活动中提高团结协作能力,培养竞争与合作意识

（续表）

序号	教学内容	教学目标
6	多人有球合作游戏：托球跑	1. 学生通过托球跑游戏体验篮球运动的乐趣 2. 学生通过对托球往返的练习，提高速度与快速移动能力 3. 学生在活动中提高团结协作能力，培养竞争与合作意识
7	游戏：自由运球比快	1. 学生通过游戏基本掌握拍球的技术方法，体验篮球运动的乐趣 2. 学生通过对原地拍球和游戏的练习，发展灵敏性及快速移动能力 3. 学生在活动中提高团结协作能力，培养竞争与合作意识
8	游戏：原地传接球比多	1. 学生初步了解篮球传接球的技术动作，发展上肢力量和反应能力，提高身体素质 2. 学生在篮球教学中提升兴趣，体验篮球运动带来的乐趣和成功的喜悦 3. 学生做到不怕困难、迎难而上，并自律、自强，不乏个性张扬
9	游戏：原地传接球比快	1. 学生初步了解篮球传接球的技术动作，发展上肢力量和反应能力，提高身体素质 2. 学生在传接球比快游戏中提升兴趣，体验篮球运动带来的乐趣和成功的喜悦 3. 学生做到不怕困难、迎难而上，并自律、自强，不乏个性张扬
10	游戏：持球往返跑	1. 学生初步了解各种持球跑的动作，发展上肢力量和反应能力，提高身体素质 2. 学生在持球跑游戏中提升兴趣，体验篮球运动带来的乐趣和成功的喜悦 3. 学生做到不怕困难、敢于迎难而上，并自律、自强，不乏个性张扬

第1课时　"抬花轿"

1. 常规积累

（1）篮球馆集合，检查着装，安排见习生；（2）宣布本课教学内容和学习目标；（3）慢跑热身；（4）专项拉伸；（5）复习儿歌《小狗抬花轿》。

2. 过程推进

（1）复习儿歌《小狗抬花轿》引出主题，玩"抬花轿"游戏；（2）探索"抬花轿"的各种玩法；（3）合作竞技游戏："抬花轿"（见图2-3）。

图 2-3 "抬花轿"游戏

3. 拓展延伸

(1)蹲起跳 30 次;(2)小结本课。

◆ 第2课时　三线往返 ◆

1. 常规积累

(1)篮球馆集合,检查着装,安排见习生;(2)宣布本课教学内容和学习目标;(3)慢跑热身;(4)专项拉伸。

2. 过程推进

(1)学习基本姿势(准备姿势);(2)学习及探索三线往返跑的方法(见图 2-4);(3)游戏:三线往返。

3. 拓展延伸

(1)立卧撑 30 个;(2)小结本课。

图 2-4 三线往返跑

◆ 第3课时　运球比多 ◆

1. 常规积累

(1)篮球馆集合,检查着装,安排见习生;(2)宣布本课教学内容和学习目标;(3)慢跑热身;(4)专项拉伸;(5)篮球操。

2. 过程推进

(1)导入部分;(2)原地运球游戏;(3)学生运球比多练习;(4)游戏:手足球。

3. 拓展延伸

(1)小结本课;(2)放松练习;(3)宣布下课。

◆ **第4课时　运球比快** ◆

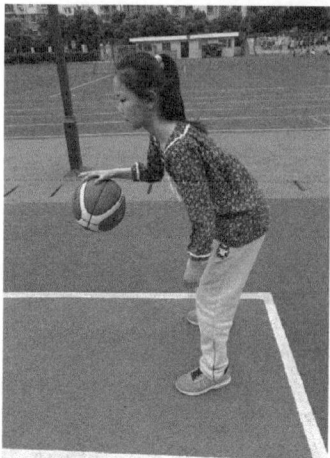

图2-5　运球比快

1. 常规积累

(1)篮球馆集合,检查着装,安排见习生;(2)宣布本课教学内容和学习目标;(3)慢跑热身;(4)专项拉伸;(5)篮球操。

2. 过程推进

(1)游戏:"篮球"与"乒乓球";(2)运球比快(见图2-5);(3)分组比赛。

3. 拓展延伸

(1)小结本课;(2)放松练习;(3)宣布下课。

◆ **第5课时　夹球竞速** ◆

1. 常规积累

(1)篮球馆集合,检查着装,安排见习生;(2)宣布本课教学内容和学习目标;(3)慢跑热身;(4)专项拉伸。

2. 过程推进

(1)模仿小兔进行小游戏活动,提高学生在体育课中的兴趣和积极性,看兔叔叔指挥小兔采蘑菇比赛;(2)听指挥练习放松舞蹈《采蘑菇的小姑娘》;(3)不同部位夹球往返接力;(4)根据学生的练习情况重复游戏。

3. 拓展延伸

(1)小结本课;(2)放松练习;(3)宣布下课。

◆ 第6课时　托球跑 ◆

1. 常规积累

(1)篮球馆集合,检查着装,安排见习生;(2)宣布本课教学内容和学习目标;(3)慢跑热身;(4)专项拉伸。

2. 过程推进

(1)玩游戏"长江黄河";(2)尝试不同姿势、不同方法托球往返跑(见图2-6)或者接力跑;(3)根据学生的练习情况重复进行游戏。

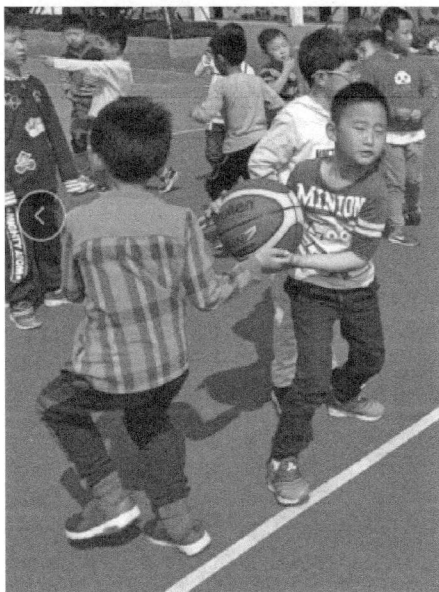

图2-6　托球往返跑

3. 拓展延伸

(1)小结本课;(2)放松练习;(3)宣布下课。

◆ 第7课时　自由运球比快 ◆

1. 常规积累

(1)篮球馆集合,检查着装,安排见习生;(2)宣布本课教学内容和学习目

标;(3)慢跑热身;(4)专项拉伸。

2. 过程推进

(1) 学习基本姿势(准备姿势):①基本姿势与起动;②基本姿势与传球;③原地自由拍球;④自由运球走。

(2) 游戏:运球比快(见图 2-7)。

图 2-7　行进间运球比快

(3) 根据学生的练习情况重复进行游戏。

3. 拓展延伸

(1)小结本课;(2)放松练习;(3)宣布下课。

◆ 第8课时　原地传接球比多 ◆

1. 常规积累

(1)篮球馆集合,检查着装,安排见习生;(2)宣布本课教学内容和学习目标;(3)慢跑热身;(4)专项拉伸。

2. 过程推进

(1) 复习传接球的技术要领和基本姿势(准备姿势):①基本传球姿势;②基本接球姿势;③原地自由传接球比多(不掉球);④自由运球走比多。

(2) 游戏:传接球比多(见图 2-8)。

(3) 根据学生的练习情况重复进行游戏。

3. 拓展延伸

(1)小结本课;(2)放松练习;(3)宣布下课。

图 2-8 传接球比多

◆ **第9课时 原地传接球比快** ◆

1. 常规积累

(1)篮球馆集合,检查着装,安排见习生;(2)宣布本课教学内容和学习目标;(3)慢跑热身;(4)专项拉伸。

2. 过程推进

(1) 复习传接球的技术要领和基本姿势(准备姿势):①复习基本传球姿势;②复习基本接球姿势;③原地自由传接球比快(不掉球)。

(2) 游戏:传接球比快。

(3) 根据学生的练习情况重复进行游戏。

3. 拓展延伸

(1)小结本课;(2)放松练习;(3)宣布下课。

◆ **第10课时 持球往返跑** ◆

1. 常规积累

(1)篮球馆集合,检查着装,安排见习生;(2)宣布本课教学内容和学习目标;(3)慢跑热身;(4)专项拉伸。

2. 过程推进

(1) 复习游戏:"长江黄河"。

(2) 游戏:抱球往返接力。游戏方法:①10 人一组,总共 4 组,每组成一路纵队站在起跑线后。教师发令后,每组第一个人抱球跑到对面后返回,将球交给下一个人,最先结束的一组获胜;②变换抱球方法,由双手抱球改成单手持球,另一只手摆臂,同样 10 人一组,总共 4 组,往返接力。

（3）根据学生的练习情况重复进行游戏。

3. 拓展延伸

（1）小结本课；（2）放松练习；（3）宣布下课。

第三节　篮球技术

一年级篮球技术篇共 14 学时，内容包含原地拍球、高低运球、原地双手胸前传接球、投篮、比赛等，详见表 2-3。

表 2-3　一年级篮球技术教案

序号	教学内容	教学目标
1	原地拍球（一）	1. 学生通过原地拍球，初步发展上肢力量，提高自身的灵敏性和反应能力 2. 学生在练习中学会合作与评价，初步体验篮球运动带来的乐趣和成功的喜悦 3. 学生在活动中培养团结协作能力，培养竞争与合作意识
2	原地拍球（二）	1. 学生通过原地拍球，发展上肢力量，提高自身的灵敏性和反应能力 2. 学生通过运球学习，在练习中学会合作与评价，体验篮球运动带来的乐趣和成功的喜悦 3. 学生在活动中提升团队协作的能力，进一步培养竞争与合作意识
3	高低运球（一）	1. 学生牢记按球正上方，五指自然分开，弯曲，能够用一种以上不同的姿势进行原地运球 2. 学生通过游戏和比赛的形式培养团结协作能力和创新意识，以及良好的组织纪律性 3. 学生做到不怕困难、迎难而上，并自律、自强，不乏个性张扬
4	高低运球（二）	1. 学生按球正上方，五指自然分开，弯曲，能够用三种以上不同的姿势进行原地运球 2. 学生通过游戏和比赛的形式培养团结协作能力和创新意识，以及良好的组织纪律性 3. 学生做到不怕困难、迎难而上，并自律、自强，不乏个性张扬
5	原地双手胸前传接球（一）	1. 学生掌握原地双手胸前传接球的动作要领和方法 2. 学生通过双手传接球练习，提高上下肢的协调性和判断能力，发展灵敏、速度力量等身体素质，促进身体全面发展 3. 学生在活动中提升团队协作的能力，培养竞争和合作意识

（续表）

序号	教学内容	教 学 目 标
6	原地双手胸前传接球（二）	1. 学生在主动参与中巩固原地双手胸前传接球的动作要领和方法 2. 学生通过双手传接球练习，提高上下肢的协调性和判断能力，发展灵敏、速度力量等身体素质，促进身体全面发展 3. 学生在活动中提升团队协作的能力，培养竞争和合作意识
7	原地双手胸前传接球（三）	1. 学生在主动参与中提高原地双手胸前传接球的动作水平 2. 学生通过双手传接球练习，提高上下肢的协调性和判断能力，发展灵敏、速度力量等身体素质，促进身体全面发展 3. 学生在活动中提升团队协作的能力，培养竞争和合作意识
8	原地双手胸前传接球（四）	1. 学生在主动参与中进一步提高原地双手胸前传接球的动作水平 2. 学生通过双手传接球练习，提高上下肢的协调性和判断能力，发展灵敏、速度力量等身体素质，促进身体全面发展 3. 学生在活动中提升团队协作的能力，培养竞争和合作意识
9	原地双手胸前投篮（一）	1. 学生初步了解篮球双手胸前投篮的动作，体验游戏的乐趣 2. 学生通过双手胸前投篮练习，发展上肢力量及灵敏、协调等身体素质，体验篮球运动带来的乐趣和成功的喜悦 3. 学生做到不怕困难、敢于迎难而上，并能做到自律、自强，不乏个性张扬
10	原地双手胸前投篮（二）	1. 学生了解篮球双手胸前投篮的动作，体验游戏的乐趣 2. 学生通过双手胸前投篮练习，发展上肢力量及灵敏、协调等身体素质，体验篮球运动带来的乐趣和成功的喜悦 3. 学生做到不怕困难、敢于迎难而上，并能做到自律、自强，不乏个性张扬
11	原地双手胸前投篮（三）	1. 学生掌握篮球双手胸前投篮的动作，体验游戏的乐趣 2. 学生通过双手胸前投篮练习，发展上肢力量及灵敏、协调等身体素质，体验篮球运动带来的乐趣和成功的喜悦 3. 学生做到不怕困难、迎难而上，并自律、自强，不乏个性张扬
12	原地双手胸前投篮（四）	1. 学生巩固篮球双手胸前投篮的动作，体验游戏的乐趣 2. 学生通过双手胸前投篮练习，发展上肢力量及灵敏、协调等身体素质，体验篮球运动带来的乐趣和成功的喜悦 3. 学生做到不怕困难、敢于迎难而上，并能做到自律、自强，不乏个性张扬
13	教学比赛（一）	1. 学生在比赛中基本掌握篮球技能，体验篮球运动的乐趣 2. 学生通过篮球比赛，发展灵敏力与快速移动能力 3. 学生在活动中提升团队协作能力，培养竞争和合作意识
14	教学比赛（二）	1. 学生在比赛中掌握篮球技能，体验篮球运动的乐趣 2. 学生通过比赛，发展灵敏力与快速移动能力 3. 学生在活动中提升团队协作能力，培养竞争和合作意识

◆ **第1课时　原地拍球(一)** ◆

1. 常规积累

(1)操场集合,检查着装,安排见习生;(2)宣布本课教学内容和学习目标;(3)慢跑热身;(4)专项拉伸;(5)篮球专项球操。

2. 过程推进

(1) 游戏:手足球。在地上画一个长8米、宽4米的场地,两端各用两只书包当球门。把队伍分成甲、乙两队,每队各3名队员。发令后从中线开始,用手滚拨一只橡胶实心球,滚进对方门内就可得1分。尝试练习。

(2) 原地拍球。练习方法:每组学生每人拍球20次,依次进行。先完成的小组获胜。改变运球姿势(正面运球、侧面运球、高运球、低运球)再次进行比赛,以此提高学生运动体能。

(3) 根据学生的练习情况重复进行练习。

3. 拓展延伸

(1)小结本课;(2)放松练习;(3)宣布下课。

◆ **第2课时　原地拍球(二)** ◆

1. 常规积累

(1)操场集合,检查着装,安排见习生;(2)宣布本课教学内容和学习目标;(3)慢跑热身;(4)专项拉伸;(5)篮球专项球操。

2. 过程推进

(1) 游戏:拉起比劲。游戏方法:两人面对面坐下,两脚相抵,两手拉紧。两人同时用力向后拉,将对方拉起者获胜。尝试练习。

(2) 原地拍球。采用不同的姿势原地拍球:①正面右手拍球,②正面左手拍球,③侧面右手拍球,④侧面左手拍球。

(3) 根据学生的练习情况重复进行练习。

(4) 分组比赛。

3. 拓展延伸

(1)小结本课;(2)放松练习;(3)宣布下课。

◆┈┈┈┈ **第3课时　高低运球(一)** ◆┈┈┈┈

1. 常规积累

(1)操场集合,检查着装,安排见习生;(2)宣布本课教学内容和学习目标;(3)慢跑热身;(4)专项拉伸;(5)篮球专项球操。

2. 过程推进

(1) 游戏:"老狼老狼几点钟"。游戏方法:一路纵队沿半个篮球场边线慢跑,边跑边问"老狼老狼,几点钟?"当老师说"12点"的时候,每位同学迅速找到"家"(站到篮球后面),5秒内没有找到"家"的同学就要被老狼抓走,接受小小的惩罚。

(2) 热身游戏:球操。

(3) 各种方式的原地运球:①单手拍球,②双手交互拍球,③拍球转圈,④拍球后跨脚,⑤起立蹲下拍球,⑥拍球比高接球。

(4) 双人合作运球:①搭肩运球,②背对背运球。

(5) 拓展游戏:"赶小猪"。游戏方法:在跑动中用手赶球前进,面对面分两组进行。

3. 拓展延伸

(1)小结本课;(2)放松练习;(3)宣布下课。

◆┈┈┈┈ **第4课时　高低运球(二)** ◆┈┈┈┈

1. 常规积累

(1)操场集合,检查着装,安排见习生;(2)宣布本课教学内容和学习目标;(3)慢跑热身;(4)专项拉伸;(5)篮球专项球操。

2. 过程推进

(1) 复习原地拍球。①原地拍球;②看手势练习;③两人一组看谁拍的好;④拍球比多。动作要求:用手指、指根按拍球,肘关节随球上下屈伸,动作柔和,按压明显,有节奏地拍球。

(2) 行进间拍球:学生在原地拍球的基础上进行行进间走和跑的拍球练习,体验动作。

（3）游戏:"红绿灯"。教师口哨引领,带领学生游戏,先引导学生在游戏中练习行进间运球技术,再引导学生体验不同跑速的运球方法。

（4）行进间拍球比赛。

3. 拓展延伸

(1)小结本课;(2)放松练习;(3)宣布下课。

◆ 第5课时　原地双手胸前传接球(一) ◆

1. 常规积累

(1)操场集合,检查着装,安排见习生;(2)宣布本课教学内容和学习目标;(3)慢跑热身;(4)专项拉伸;(5)篮球专项球操。

2. 过程推进

(1) 游戏:听数抢圈(音乐伴奏,鼓舞学生,激发学生练习的兴趣)。

(2) 熟悉球性练习:①双手抛接球练习;②双手投接球练习。

3. 拓展延伸

(1)小结本课;(2)放松练习;(3)宣布下课。

◆ 第6课时　原地双手胸前传接球(二) ◆

1. 常规积累

(1)操场集合,检查着装,安排见习生;(2)宣布本课教学内容和学习目标;(3)慢跑热身;(4)专项拉伸;(5)篮球专项球操。

2. 过程推进

(1) 游戏:占领阵地。游戏规则:每队 6 人,游戏开始后这 6 人共同站在一张报纸上,所有人身体的任何部位不得碰地,成功后撕去一半报纸站立,接着再撕去一半……直至失败,最后以最佳方法站进最小报纸的队获胜。

(2) 学习尝试。自抛传接球的尝试练习,过渡到双手胸前传接球,观察教师示范技术动作要领,模仿中思考尝试练习。

(3) 合作探究。教师提问:同学们在刚才的练习中觉得易做哪些错误动作?

(4) 自主练习。把学生分成四组,每组指定一名小组长,在组长的带领下进行合作探究学习。

3. 拓展延伸

(1)小结本课;(2)放松练习;(3)宣布下课。

◆ **第7课时 原地双手胸前传接球(三)** ◆

1. 常规积累

(1)操场集合,检查着装,安排见习生;(2)宣布本课教学内容和学习目标;(3)慢跑热身;(4)专项拉伸;(5)篮球专项球操。

2. 过程推进

(1) 游戏:手足球。游戏规则:在地上画一个长 8 米,宽 4 米的场地,两端各用两个书包当球门,分成甲、乙两队,每队各 3 人。发令后从中线开始,用手滚拨一只橡胶实心球,滚进对方门内就可得 1 分。规则是球不准离地,脚不能触球,出界则换由对方发球,每场 3 分钟,反复练习。

(2) 练习双手胸前传接球。动作要领:一脚在前,一脚在后,双手胸前将球抛出,抛出后手指向球抛出方向,接球人双手伸向球抛来方向,接球后向后收手,给一个缓冲(接球人同样是一脚在前,一脚在后)。

(3) 无球练习。教师提问:同学们在刚才的练习中觉得易做哪些错误动作?

(4) 双人有球练习(见图 2-9)。

(5) 教师分组指导。

3. 拓展延伸

(1)小结本课;(2)放松练习;(3)宣布下课。

图 2-9 双人有球练习

◆ **第8课时 原地双手胸前传接球(四)** ◆

1. 常规积累

(1)操场集合,检查着装,安排见习生;(2)宣布本课教学内容和学习目标;

(3)慢跑热身;(4)专项拉伸;(5)篮球专项球操。

2. 过程推进

(1)复习游戏:手足球。游戏方法:在地上画一个长 8 米,宽 4 米的场地,两端各用两个书包当球门。分成甲、乙两队,每队各 3 人。发令后从中线开始,用手滚拨一只橡胶实心球,滚进对方门内就可得 1 分。规则是球不准离地,脚不能触球,出界则换由对方发球,每场 3 分钟,得分多的队获胜。通过比赛强化练习。

(2)继续练习双手胸前传接球。动作要领:一脚在前,一脚在后,双手胸前将球抛出,抛出后手指向球抛出方向,接球人双手伸向球抛来方向,接球后向后收手,给一个缓冲(接球人同样是一脚在前,一脚在后)。

图 2-10 班级双人有球练习

(3)无球练习。教师——检查同学们在练习中的动作是否正确、规范。

(4)班级双人有球练习(见图 2-10)。

(5)成果检验。

3. 拓展延伸

(1)小结本课;(2)放松练习;(3)宣布下课。

第 9 课时 原地双手胸前投篮(一)

1. 常规积累

(1)操场集合,检查着装,安排见习生;(2)宣布本课教学内容和学习目标;(3)慢跑热身;(4)专项拉伸;(5)篮球专项球操。

2. 过程推进

(1)游戏:拍球热身。游戏方法:教师引导学生练习,根据哨音和手势调换拍球方向。

(2)原地双手胸前投篮。

(3)四人一组胸前传接球练习(见图 2-11)。

(4)分组进行传接球比赛。

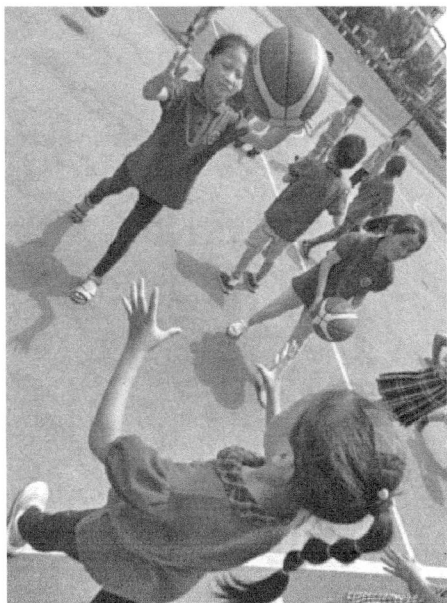

图 2-11　胸前传接球练习

3. 拓展延伸

(1)小结本课;(2)放松练习;(3)宣布下课。

第 10 课时　原地双手胸前投篮(二)

1. 常规积累

(1)操场集合,检查着装,安排见习生;(2)宣布本课教学内容和学习目标;
(3)慢跑热身;(4)专项拉伸;(5)篮球专项球操。

2. 过程推进

(1) 游戏:拉人角力。游戏方法:两人相对站立,各出脚相抵,各出手相拉,
然后互相用力拉引,看谁能把对方拉向自己这一边来。将对方拉过来者为胜。

(2) 熟悉球性。初步了解和学习一些简单的投篮方法(见图 2-12),发展
上肢力量,培养投篮的意识感觉。

(3) 传接球比快游戏。游戏规则:游戏分成两组,一组 24 人,分为人数相等的
两排面对面站立。游戏中,由两队最边上的人进行斜线传球,先传完的一队获胜。

(4) 拓展游戏:摸线往返跑。游戏规则:学生于线的一端出发,跑至另一端

图 2-12 无篮筐试投

侧身摸线,来回 30 秒。

3. 拓展延伸

(1)小结本课;(2)放松练习;(3)宣布下课。

第11课时 原地双手胸前投篮(三)

1. 常规积累

(1)操场集合,检查着装,安排见习生;(2)宣布本课教学内容和学习目标;
(3)慢跑热身;(4)专项拉伸;(5)篮球专项球操。

2. 过程推进

(1) 游戏:原地抛接球。

(2) 复习原地双手胸前投篮。①组织学生观摩课件;②讲解并示范;③徒手模仿双手投篮练习;④投墙上圈、点练习;⑤二人一组互助练习、互评;⑥一人防守一人进攻投篮练习;⑦不同距离的投篮练习;⑧一定远度的分组练习。

(3) 传接球比快游戏。游戏规则:游戏分成两组,一组 24 人,分为人数相等的两排相向站立。游戏中,由两队最边上的人进行斜线传球,先传完的队获胜。

(4) 拓展游戏:摸线往返跑。游戏规则:学生从线的一端出发,跑至另一端侧身摸线,来回 30 秒。

3. 拓展延伸

(1)小结本课;(2)放松练习;(3)宣布下课。

● 第12课时   原地双手胸前投篮(四) ●

1. 常规积累

(1)操场集合,检查着装,安排见习生;(2)宣布本课教学内容和学习目标;(3)慢跑热身;(4)专项拉伸;(5)篮球专项球操。

2. 过程推进

(1) 球性练习。①手指左右拨球练习4次;②双手抛接球练习4次。

(2) 复习原地双手胸前投篮。①复习双手胸前投篮动作;②徒手模仿双手投篮练习;③篮球下打板进筐练习;④投墙上圈、点练习;⑤两人一组互助练习;⑥不同距离投篮练习;⑦一定远度的分组练习。

(3) 拓展游戏:三线往返跑。游戏规则:将学生分成两组,一组24人,分为人数相等的两排相向站立。游戏中,由两队最边上的人进行斜线传球,先传完的队获胜。

(4) 拓展游戏:往返跑。游戏规则:将学生分成四组,一组10人,分为人数相等的四排相向站立。接力往返跑,游戏中,先跑完的队获胜。

3. 拓展延伸

(1)小结本课;(2)放松练习;(3)宣布下课。

● 第13课时   教学比赛(一) ●

1. 常规积累

(1)操场集合,检查着装,安排见习生;(2)宣布本课教学内容和学习目标;(3)慢跑热身;(4)专项拉伸;(5)篮球专项球操。

2. 过程推进

(1) 复习篮球基本技术。①拍球;②原地传接球;③投篮。

(2) 教学比赛。比赛规则:自由分组,4人一组进行半场篮球对抗赛。

3. 拓展延伸

(1)小结本课;(2)放松练习;(3)宣布下课。

◆ 第14课时　教学比赛(二) ◆

1. 常规积累

(1)操场集合,检查着装,安排见习生;(2)宣布本课教学内容和学习目标;(3)慢跑热身;(4)专项拉伸;(5)篮球专项球操。

2. 过程推进

(1) 复习篮球基本技术。①拍球;②原地传接球;③投篮。

(2) 教学比赛。参照上一节课的分组,介入篮球规则,5人一组进行半场篮球对抗赛。

3. 拓展延伸

(1)小结本课;(2)放松练习;(3)宣布下课。

第四节　篮球体能

一年级篮球体能篇共6学时,内容包含弹跳类(原地立卧撑、蹲跳起)、综合跑类(半场往返跑、四分之三场地跑)、反应类(游戏"长江黄河"、听信号跑)等,详见表2-4。

表2-4　一年级篮球体能教案

序号	教学内容	教学目标
1	原地立卧撑	1. 学生通过体能训练,基本掌握原地立卧撑的动作要领 2. 学生主动参与到训练与游戏中,在训练中慢慢提高技能。发展上肢力量和速度、灵敏及协调能力 3. 学生在自主练习与游戏中学会合作与评价,培养勇敢、果敢、积极进取优良品质,体验篮球运动带来的乐趣和成功的喜悦
2	蹲跳起	1. 学生通过体能训练,基本掌握蹲跳起的动作技巧 2. 学生主动参与训练与游戏,在训练中慢慢提高技能。发展力量、敏捷、速度和协调能力,增强弹跳力 3. 学生通过训练,做到不怕困难、迎难而上,培养集体观念和意识,并做到自律、自强,不乏个性张扬

（续表）

序号	教学内容	教学目标
3	半场往返跑	1. 学生通过体能训练,初步掌握半场往返跑的动作要领 2. 学生主动参与训练与游戏,在训练中慢慢提高技能,提高反应、奔跑速度、动作的敏捷性和快速起动能力 3. 学生通过训练,做到不怕困难、迎难而上,培养集体观念和意识,并做到自律、自强,不乏个性张扬
4	四分之三场地跑	1. 学生通过四分之三场地跑等体能训练,提高速度、力量、耐力、爆发力等 2. 学生主动参与训练与游戏,在训练中慢慢提高技能 3. 学生在自主练习与游戏中学会合作与评价,体验篮球运动带来的乐趣和成功的喜悦
5	游戏"长江黄河"	1. 通过游戏,提高学生的速度、力量、耐力和快速反应能力 2. 学生主动参与训练与游戏,在训练中慢慢提高能力 3. 学生在自主练习与游戏中学会合作与评价,体验游戏带来的乐趣和成功的喜悦
6	听信号跑	1. 学生通过听信号跑练习,初步发展奔跑能力和身体的灵敏性,提高速度、力量、耐力、爆发力等 2. 学生主动参与训练与游戏,在训练中慢慢提高动作技能 3. 学生在自主练习与游戏中学会合作与评价,体验运动带来的乐趣和成功的喜悦

第1课时   原地立卧撑

1. 常规积累

（1）操场集合,检查着装,安排见习生;（2）师生问好;（3）宣布本课教学内容和学习目标;（4）强调安全问题;（5）专项拉伸。

2. 过程推进

（1）游戏:拉起比劲。游戏规则:两人相向而坐,两脚相抵,双方手拉紧。然后两人同时用力向后拉,先将对方拉起者为胜。反复练习。

（2）技巧:立卧撑（见图2－13）。

3. 拓展延伸

（1）小结本课;（2）放松练习;（3）宣布下课。

图2-13　立卧撑

◆ **第2课时　蹲跳起** ◆

1. 常规积累

(1)操场集合,检查着装,安排见习生;(2)师生问好;(3)宣布本课教学内容和学习目标;(4)强调安全问题;(5)专项拉伸。

2. 过程推进

(1)游戏:拉绳比赛。游戏规则:两人相向站立,脚前相距50~60厘米处各画一条线,两人同时握紧一根结实的短绳,然后用力后拉,先将对方拉过线者为胜。

(2)技巧:蹲跳起。

3. 拓展延伸

(1)小结本课;(2)放松练习;(3)宣布下课。

◆ **第3课时　半场往返跑** ◆

1. 常规积累

(1)操场集合,检查着装,安排见习生;(2)师生问好;(3)宣布本课教学内容和学习目标;(4)强调安全问题;(5)专项拉伸。

2. 过程推进

(1)游戏:趣味踩踩猫。游戏规则:准备时,两人相向两脚前后开立站,重心在两脚之间。两人以石头剪刀布的方式决胜负,胜的同学以较快的速度用前脚踩对方的脚,相反,输的同学则快速躲闪,每次双方只能动一只脚或动一步。

(2)半场往返跑(见图2-14)。①教师讲解说明半场地点;②学生听信号出发;③以小组为单位进行分组接力练习;④组织学生相互评价。

3. 拓展延伸

(1)小结本课;(2)放松练习;(3)宣布下课。

图2-14 半场触线往返跑

◆ 第4课时 四分之三场地跑 ◆

1. 常规积累

(1)操场集合,检查着装,安排见习生;(2)师生问好;(3)宣布本课教学内容和学习目标;(4)强调安全问题;(5)专项拉伸。

2. 过程推进

(1)游戏:大渔网。游戏规则:开始时由一位同学抓人,抓到一位时,两人手拉手成"网"继续抓。每抓到一人,"网"增加一人,直到抓完所有的人游戏结束。

(2)四分之三场地跑(见图2-15)。①把学生分成两组;②组织学生四分之三场地跑,看谁用时最少;③学生相互评价。

3. 拓展延伸

(1)小结本课;(2)放松练习;(3)宣布下课。

图2-15 四分之三场地跑

◆ 第5课时　游戏"长江黄河" ◆

1. 常规积累

(1)操场集合,检查着装,安排见习生;(2)师生问好;(3)宣布本课教学内容和学习目标;(4)强调安全问题;(5)专项拉伸。

2. 过程推进

(1) 游戏:快速跑。①教师讲解快速跑的要求;②组织学生进行练习(重复三组);③记录每组每位同学的用时,组内进行比较。

(2) 反应练习:游戏"长江黄河"。游戏规则:与以往的一条"河"隔开双方不同,此玩法用两条相隔一米的横线将双方隔开,双方6或8人每人占据一条跑道(没有塑胶跑道的可以用石灰粉画线),背对背站好,然后双方前面各画一条终点线(见图2-16)。

(3) 反应练习:相反肢体训练。①组织学生围成一个圈,教师站在圈中间发布口令。口令:向左转→向右转、蹲下→起立、向前跳→向后跳、立正→跨立。②急停急起:听到口令"跑"就停,听到"停"就跑,看谁的反应最快(见图2-17)。

图2-16　游戏"长江黄河"

图2-17　急停急起练习

3. 拓展延伸

(1)小结本课;(2)放松练习;(3)宣布下课。

◆ **第6课时　听信号跑** ◆

1. 常规积累

(1)操场集合,检查着装,安排见习生;(2)师生问好;(3)宣布本课教学内容和学习目标;(4)强调安全问题;(5)专项拉伸。

2. 过程推进

(1) 游戏一:快速跑。①教师讲解快速跑的要求;②组织学生进行练习(重复三组);③记录每组每位同学的用时,组内进行比较。

(2) 反应练习:听信号跑。游戏规则:学生站在白线后,教师发令后,学生及时做出相应的反应(见图 2 - 18)。

(3) 游戏:一人运两球接力。①组织学生分组,教师站在圈中间发布口令;②利用半个篮球场,一人运两球进行接力,若球中途运丢,捡球后从掉落点开始继续运球。一人运完,将球交给下一个人,先结束的一队获胜。

图 2 - 18　听信号跑

3. 拓展延伸

(1)小结本课;(2)放松练习;(3)宣布下课。

第三章 二年级教学设计

二年级教学设计共分为篮球理论、篮球体验、篮球技术、篮球体能四大模块。

第一节 篮球理论

本节主要通过观看篮球比赛、介绍队员位置，促进学生认知，共 2 学时，教案详见表 3-1。

表 3-1 二年级篮球理论教案

序号	教学内容	教学目标
1	观看篮球比赛	1. 学生通过教师讲解，认真观看篮球比赛 2. 学生在观看视频中深刻了解比赛规则，并主动运用到篮球比赛中 3. 了解篮球比赛的比分算法
2	介绍队员位置	1. 学生了解每个篮球队员的基本站位，并通过练习，激发和培养对篮球运动的兴趣 2. 学生通过教学，体验篮球运动带来的乐趣和成功的喜悦，提升学习兴趣 3. 学生做到不怕困难、迎难而上，并自律、自强，不乏个性张扬

具体分课时实施如下。

◆ **第 1 课时 观看篮球比赛** ◆

1. 常规积累

(1)集合整队；(2)师生问好；(3)宣布本课教学内容和学习目标。

2. 过程推进

（1）学习观看篮球比赛的礼仪要求；（2）教师播放比赛，并讲解比赛中的基本规则；（3）就相关规则向学生提问，如比分算法等。

3. 拓展延伸

（1）课后搜索国内外观看篮球比赛的相关礼仪；（2）小结本课。

◆━━━━ **第2课时　介绍队员位置** ━━━━◆

1. 常规积累

（1）集合整队；（2）师生问好；（3）宣布本课教学内容和学习目标。

2. 过程推进

（1）按国际例，场上位置分中锋（2名）、前锋（2名）、后卫（1名）三种（见图3－1）。

（2）观看图解。①教师展示篮球队员站位图解，并讲解各队员位置名称；②提问学生队员站位及分工。

3. 拓展延伸

（1）课后上网搜索国内外相同位置的知名运动员，了解他们；（2）小结本课；（3）师生再见。

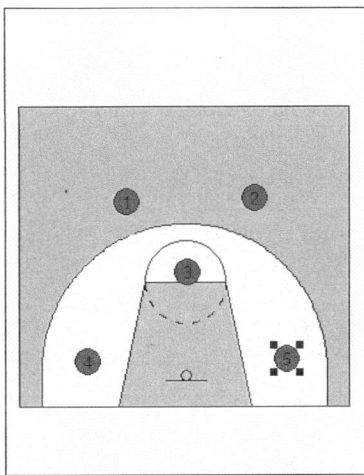

图3－1　场上位置分布

第二节　篮球体验

篮球体验主要为游戏类活动，共10学时，在正式接触技术学习前进行游戏体验，主要内容包括无球合作游戏（三角跑、往返"毛毛虫"等）、单人有球游戏（直线运球、传球进圈等）、多人有球合作游戏（运球接力往返跑、慢跑传接球等），详见表3－2。

表3-2 二年级篮球体验教案

序号	教学内容	教学目标
1	无球合作游戏：三角跑、折返跑比赛	1. 学生通过三角跑、折返跑比赛，提高反应、奔跑速度，动作的敏捷性和快速起动能力 2. 学生主动参与游戏练习，在反复练习中形成动作技能 3. 学生在自主练习中学会合作与评价，体验篮球运动带来的乐趣和成功的喜悦
2	单人有球游戏：原地追拍球、直线运球	1. 改进学生直线运球的动作，提高其直线运球的速度 2. 通过游戏，提升学生对篮球的兴趣及认识，培养学生积极参加体育活动的意识 3. 学生养成挑战自我与合作意识，遵守游戏规则，尊重他人，体验成功和进步的愉悦
3	单人有球游戏：半场三角跑、直线运球	1. 学生通过半场三角跑改进直线运球的动作，提高直线运球的速度 2. 通过游戏，提升学生对篮球的认识，培养学生积极参加体育活动的意识 3. 学生养成挑战自我与合作意识，遵守游戏规则，尊重他人，体验成功和进步的愉悦
4	无球合作游戏：往返"毛毛虫"	1. 学生初步完成原地左、右手的运球动作 2. 学生通过练习完成原地左、右手的运球动作，身体协调性和爆发力得到发展 3. 学生通过练习，增强合作能力，提升发现问题与自主学习能力，享受体育带来的快乐和成功的乐趣
5	单人有球合作游戏：传球进圈	1. 学生初步了解传球的基本手型 2. 学生提高对篮球的控制能力和自身协调性 3. 提高学生积极参加体育运动的热情，培养其团结协作和敢于拼搏的意识
6	单人有球合作游戏：直线运球	1. 学生通过学习，正确理解篮球直线运球的动作方法 2. 掌握篮球直线运球的技术，增强奔跑能力 3. 在练习中体验篮球运动的乐趣，培养学习篮球的兴趣，建立学习的信心
7	单人有球游戏：复习直线运球、传球进圈	1. 学生通过练习了解传球的基本手型 2. 学生通过练习，提高对篮球的控制能力和自身协调性 3. 通过练习，激发学生运动热情和拼搏的意识

（续表）

序号	教学内容	教学目标
8	多人有球合作游戏:运球接力往返跑	1. 学生初步掌握运球接力往返跑的动作 2. 学生主动参与游戏练习,在反复练习中形成动作技能 3. 学生在自主练习中学会合作与评价,体验篮球运动带来的乐趣和成功的喜悦
9	多人有球合作游戏:慢跑传接球(一)	1. 学生通过学习基本掌握慢跑传接球的动作 2. 学生通过对各种动作的练习,完成在跑动中传球,激发对篮球的兴趣,提高身体协调性和爆发力 3. 学生通过练习,增强合作能力,提升发现问题与自主学习能力,享受体育带来的快乐和成功的乐趣
10	多人有球合作游戏:复习行进间运球、慢跑传接球(二)	1. 学生通过练习初步了解传接球的动作要领 2. 学生在跑动中做出传接球动作,全面提高身体素质及协调性 3. 让学生乐于表现自我,充分展示自我,积极探讨,互帮互学,形成团队意识

041

第1课时　三角跑、折返跑

1. 常规积累

(1)篮球馆集合,检查着装,接受体委报告;(2)宣布本课教学内容和学习目标;(3)慢跑热身;(4)专项拉伸;(5)游戏:拉网捕鱼。

2. 过程推进

(1) 三角跑(见图3-2)。游戏方法:把学生分为人数相等的两队,成纵队排列于球场底线处,从底线处出发沿端线跑至中场线与边线的交界处,按照行进间高抬腿→后蹬跑→冲刺跑顺序进行练习。

(2) 折返跑(见图3-3)。①游戏方法:把学生分为人数相等的两队。游戏开始后,两队排头立即起动,快跑到罚球线急停→转身→跑回原端线→急停→转身快跑到中线→急停→转身快跑返回原端线,并与同伴击掌。该队第二人按同样路线快跑,先完成的队即为获胜。②教师组织学生进行游戏。③教师宣布游戏结果,并加以评价。

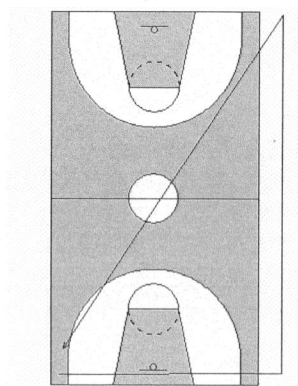

图 3-2 三角跑路线

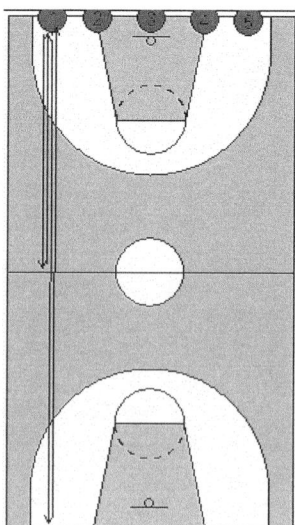

图 3-3 折返跑路线

3. 拓展延伸

(1)跳绳 100 个;(2)小结本课。

第2课时 原地追拍球、直线运球

1. 常规积累

(1)篮球馆集合,检查着装,安排见习生;(2)宣布本课教学内容和学习目标;(3)慢跑热身;(4)专项拉伸。

2. 过程推进

(1) 原地追拍球(见图 3-4)。①游戏方法:学生持球,教师把学生分为人数相等的两队,成横排列于球场中线两侧,并指定其中一队为单数队,另一队为双数队。②双方运球追拍。教师高声报出"单数"或"双数",被报到号的队立即起动追拍未被报到号的对方;或反过来,未被报到号的队立即起动追拍被报号的队。③教师组织学生进行游戏。④教师宣布游戏结果,并加以评价。

(2) 直线运球(见图 3-5)。①运球方法:双膝稍微弯曲,上体前倾,前臂用力用手指、手腕拍球,球的反弹高度约与膝同高,球的落点在同侧脚的前侧,运球时步伐要与球弹起的节奏协调一致。②将学生分成 4 组间隔 3 米进行直线运球练习。

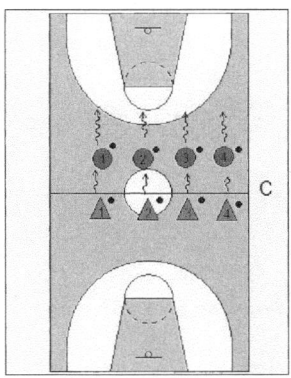

图 3 - 4　原地追拍球路线　　　　　图 3 - 5　直线运球路线

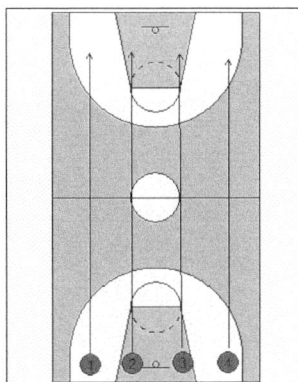

3. 拓展延伸

(1)立卧撑 30 个;(2)小结本课;(3)师生再见;(4)归还器材。

◆ 第3课时　半场三角跑、直线运球 ◆

1. 常规积累

(1)篮球馆集合,检查着装,安排见习生;(2)宣布本课教学内容和学习目标;(3)慢跑热身;(4)专项拉伸。

2. 过程推进

(1) 半场折返跑。游戏方法:半场把学生分为人数相等的两队,成纵队列于球场底线处,从底线处出发沿端线跑至中场线与边线的交界处,成三角形,分别做原地高抬腿→侧滑步→冲刺跑练习(见图 3 - 6)。

(2) 直线运球游戏。①运球方法:双膝稍微弯曲,上体前倾,前臂用力用手指、手腕拍球,球的反弹高度约与膝同高,球的落点在同侧脚的前侧,运球时步

图 3 - 6　半场折返跑

伐要与球弹起的节奏协调一致(见图3-7)。②将学生分成4组间隔3米进行直线运球练习。

图3-7 直线运球

3. 拓展延伸

(1)原地跑接球30次;(2)放松练习;(3)宣布下课。

第4课时 往返"毛毛虫"

1. 常规积累

(1)篮球馆集合,检查着装,安排见习生;(2)宣布本课教学内容和学习目标;(3)慢跑热身;(4)专项拉伸;(5)篮球操。

2. 过程推进

(1) 熟悉球性练习:①手指左右拨球练习4次;②双手抛接球练习4次;③抛球跳起接球练习4次;④抛球下蹲接球练习4次;⑤胯下左右绕球练习4次。

(2) 拍球练习。

(3) 游戏:往返"毛毛虫"。游戏方法:把学生分成四组(每组约10人),下蹲,后面同学抱着前面同学的腰部,一组人共同蹲着"鸭子步",学毛毛虫前进,从中线出发到底线结束,哪队第一个人最先达底线为胜(见图3-8)。

3. 拓展延伸

(1)立卧撑30个;(2)小结本课;(3)放松练习;(4)宣布下课。

图 3-8 往返"毛毛虫"游戏

第5课时 传球进圈

1. 常规积累

(1)篮球馆集合,检查着装,安排见习生;(2)宣布本课教学内容和学习目标;(3)慢跑热身;(4)专项拉伸。

2. 过程推进

(1)复习行进间运球:①通过行进间运球的练习充分热身,活跃气氛,为下一学习内容做好准备;②教师讲解游戏规则后组织学生进行练习。

(2)传球进圈。游戏方法:学生双脚前后开立,双手持球于胸腹之间,两肘自然弯曲于体侧,身体成基本站立姿势,眼平视传球目标。传球时后脚蹬地发力,身体重心前移,手指发力将球投进同伴的圈内,拿圈的学生双手伸直,双手拳心对拳心,上下相握(见图3-9)。

3. 拓展延伸

(1)一分钟原地运球比多;(2)小结本课;(3)放松练习;(4)宣布下课。

图 3-9 传球进圈练习

◆ 第6课时　直线运球 ◆

1. 常规积累

（1）篮球馆集合，检查着装，安排见习生；（2）宣布本课教学内容和教学学习目标；（3）慢跑热身；（4）专项拉伸。

图3-10　直线运球练习

2. 过程推进

（1）熟悉球性练习：①手指左右拨球练习4次；②双手抛接球练习4次；③抛球跳起接球练习4次；④抛球下蹲接球练习4次；⑤抛球转身接球练习4次；⑥胯下左右绕球练习4次。

（2）篮球直线运球：①复习原地运球；②尝试直线运球跑；③直线运球练习：将学生分成两组，相隔4米进行直线运球练习（见图3-10）。

3. 拓展延伸

（1）小结本课；（2）放松练习；（3）宣布下课。

◆ 第7课时　复习直线运球、传球进圈 ◆

1. 常规积累

（1）篮球馆集合，检查着装，安排见习生；（2）宣布本课教学内容和学习目标；（3）慢跑热身；（4）专项拉伸。

2. 过程推进

（1）复习直线运球：①把学生分为4组，每人一球，从篮球底线到中线进行直线运球练习，为下一学习内容做好准备；②教师讲解游戏规则后组织学生进行练习。

（2）游戏：传球练习（见图3-11）。①游戏方法：学生双脚前后开立，双手持球于胸腹之间，两肘自然弯曲于体侧，身体成基本站立姿势，眼平视传球目标。传球时后脚蹬地发力,身体重心前移,手指发力将球投给同伴,同伴双腿直立,双手拳心对拳心,上下相握。②拉长距离,提升难度。③根据学生的练习情况重复游戏。

图 3-11　双人传球练习

3. 拓展延伸

(1)原地换手运球 100 次;(2)小结本课;(3)放松练习;(4)宣布下课。

第8课时　运球接力往返跑

1. 常规积累

(1)篮球馆集合,检查着装,安排见习生;(2)宣布本课教学内容和学习目标;(3)慢跑热身;(4)专项拉伸;(5)游戏:拉网捕鱼。

2. 过程推进

(1) 运球接力往返跑。①游戏方法:把学生分为人数相等的四队,纵队列于球场中场线,从中场线运球到底线再返回与下一位同学完成接力,然后下一位同学再出发(见图 3-12)。②教师组织学生进行游戏。③教师宣布游戏结果,并加以评价。

(2) 原地换手运球。①教师请同学自主学习左、右手运球动作;②教师组织学生进行练习;③教师对学生的错误动作进行纠正;④教师请动作标准的同学进行展示。

3. 拓展延伸

(1)一分钟换手运球比多;(2)小结本课;(3)放松练习;(4)宣布下课。

图 3-12 运球接力往返跑

◆ 第 9 课时 慢跑传接球 ◆

1. 常规积累

(1)篮球馆集合,检查着装,安排见习生;(2)宣布本课教学内容和学习目标;(3)慢跑热身;(4)球操。

2. 过程推进

(1)熟悉球性练习:①手指左右拨球练习 4 次;②双手抛接球练习 4 次;③抛球跳起接球练习 4 次;④抛球下蹲接球练习 4 次;⑤抛球转身接球练习 4 次。

图 3-13 慢跑传接球

(2)慢跑传接球(见图 3-13)。①动作要领:眼视来球,两臂迎球,伸出接球,用指根以上部位握球的侧后方,手心空出,将球置于胸前。肩、臂、腕肌肉放松,两眼注视传球目标。②组织学生两人一组,一组一球原地进行练习。练习两分钟后,在篮球场进行行进间胸前传球练习。③教师组织学生进行慢跑传接球动作练习。④教师请动作标准的同学进行展示。

3. 拓展延伸

(1)原地跑接球 20 次;(2)小结本课;(3)放松练习;(4)宣布下课。

第 10 课时 复习行进间运球、慢跑传接球

1. 常规积累

(1)篮球馆集合,检查着装,安排见习生;(2)宣布本课教学内容和学习目标;(3)慢跑热身;(4)专项拉伸。

2. 过程推进

(1) 复习行进间传接球。①把学生分为四组,复习行进间运球练习,为下一学习内容做好准备;②教师讲解游戏规则后,组织学生进行练习。

(2) 复习慢跑传接球(见图 3-14)。绕圆慢跑传接球游戏方法:将学生分成四组,每组围成一个圆,圆心处一名持球队员背对站立,同时与圆圈上跑动中的队员做传接球。

3. 拓展延伸

(1)两人对传 30 次;(2)小结本课;(3)放松练习;(4)宣布下课。

图 3-14 多人慢跑传接球

第三节 篮球技术

二年级篮球技术共 14 学时,内容包含计时拍球、行进间高低运球、原地击地传接球、投篮、比赛等,详见表 3-3。

049

表3-3　二年级篮球技术教案

序号	教学内容	教 学 目 标
1	原地推拨球、体前左右运球	1. 学生记住、简述和初步完成原地左、右手的运球动作 2. 学生完成原地左、右手的运球动作,提升对篮球的兴趣,提高身体协调性和爆发力 3. 学生不怕困难、迎难而上,并做到自律、自强,不乏个性张扬
2	行进间推拨球、行进间体前左右运球	1. 学生初步完成行进间左、右手的运球动作 2. 学生完成行进间左、右手的运球动作,提升对篮球的兴趣,提高身体协调性和爆发力 3. 提升学生的合作能力、发现问题能力、自主学习能力,让学生享受体育带来的快乐和成功的乐趣
3	直线运球	1. 学生初步了解直线运球的技术动作和要领 2. 提高学生身体协调性、速度、反应等综合素质 3. 激发学生积极参加体育运动的热情,培养他们团结协作和拼搏向上的意识
4	行进间直线运球	1. 学生初步掌握行进间直线运球的技术动作和要领 2. 学生通过练习提高身体协调性、速度、反应等综合素质 3. 激发学生积极参加体育运动的热情,培养他们团结协作和拼搏向上的意识
5	运球急停急起	1. 学生初步了解运球急停急起的技术动作和要领 2. 学生通过练习,提高协调性、速度、反应等综合素质 3. 激发学生积极参加体育运动的热情,培养他们团结协作和拼搏向上的意识
6	单手肩上投篮(男)、双手胸前投篮(女)	1. 学生初步了解单手肩上投篮(男)、双手胸前投篮(女)的技术动作和要领 2. 学生在练习中提高对篮球的控制能力和自身协调性 3. 学生练习积极,在互帮互学中提高动作质量,提升小组合作学习水平和评价能力
7	原地击地传接球与游戏	1. 学生通过学习正确了解原地击地传接球的动作要领 2. 通过教学,学生掌握击地传球的动作技术,发展灵敏素质 3. 学生通过练习,培养勇敢顽强的意志品质和团队协作精神
8	行进间击地传接球与游戏	1. 学生通过学习,正确了解行进间击地传接球的动作方法 2. 通过教学,学生掌握击地传球的动作技术,发展灵敏素质 3. 学生通过练习,培养勇敢顽强的意志品质和团队精神
9	双手胸前投篮与游戏	1. 学生初步了解投篮的基本手型 2. 学生通过练习,提高对篮球的控制能力和自身协调性 3. 激发学生积极参加体育运动的热情,培养他们团结协作和拼搏向上的意识

（续表）

序号	教学内容	教 学 目 标
10	复习双手胸前投篮与游戏	1. 学生复习投篮的基本手型 2. 学生通过练习,提高对篮球的控制能力和自身协调性 3. 激发学生积极参加体育运动的热情,培养他们团结协作和拼搏向上的意识
11	原地运球比多与游戏	1. 学生通过学习,正确理解篮球拍球的动作方法 2. 通过教学,学生掌握篮球拍球的动作技术,提高上下肢协调能力 3. 学生通过练习,体验篮球运动的乐趣,培养学习的兴趣,建立学习的信心
12	行进间运球比稳与游戏	1. 学生通过学习,正确理解行进间运球的动作方法 2. 通过教学,学生掌握篮球拍球的动作技术,提高上下肢协调能力 3. 学生通过练习,体验篮球运动的乐趣,培养学习的兴趣,建立学习的信心
13	计时拍球	1. 学生通过学习正确理解篮球拍球的动作方法 2. 学生通过计时拍球练习,掌握篮球拍球的技术,提高上下肢协调能力 3. 学生通过练习,体验篮球运动的乐趣,培养学习的兴趣,建立学习的信心
14	半场比赛	1. 学生在比赛中基本掌握篮球技能,体验打篮球的乐趣 2. 学生通过比赛,发展灵敏性,提高快速移动能力 3. 学生在活动中提高团队合作能力,培养竞争和合作意识

第1课时 原地推拨球、体前左右运球

1. 常规积累

（1）操场集合,检查着装,安排见习生;（2）宣布本课教学内容和学习目标;（3）慢跑热身;（4）专项拉伸;（5）球操。

2. 过程推进

（1）熟悉球性练习。①手指左右拨球练习 4 次;②双手抛接球练习 4 次;③抛球跳起接球练习 4 次;④抛球下蹲接球练习 4 次;⑤抛球转身接球练习 4 次;⑥胯下左右绕球练习 4 次。

（2）篮球原地左右手推拨球。①左、右手运球动作:左、右手五指自然张开,用指腹运球,掌心空出。②站位:两脚前后或左右开立,两膝微屈,重心落在

两脚掌上。③篮球原地左右手运球练习。

3. 拓展延伸

(1)过头顶、腰间拨球 30 次不失误;(2)放松练习;(3)宣布下课。

◆ **第2课时　行进间推拨球、行进间体前左右运球** ◆

1. 常规积累

(1)操场集合,检查着装,安排见习生;(2)宣布本课教学内容和学习目标;
(3)慢跑热身;(4)专项拉伸;(5)球操。

2. 过程推进

(1) 熟悉球性练习。①手指左右拨球练习4次;②双手抛接球练习4次;③抛球跳起接球练习4次;④抛球下蹲接球练习4次;⑤抛球转身接球练习4次;⑥胯下左右绕球练习4次。

(2) 篮球行进间左右手推拨球。①复习左、右手运球动作:左、右手五指自然张开,用指腹运球,掌心空出。②站位:两脚前后或左右开立,两膝微屈,重心落在两脚掌上。③篮球行进间左右手运球练习(见图3-15)。

3. 拓展延伸

(1)过头顶、腰间拨球 30 次;(2)放松练习;(3)宣布下课。

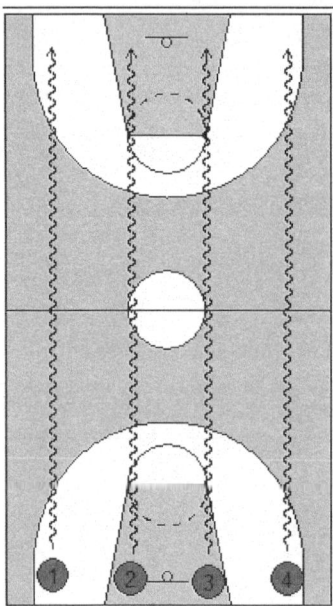

图 3-15　行进间左右手运球路线

◆ **第3课时　直线运球** ◆

1. 常规积累

(1)操场集合,检查着装,安排见习生;(2)宣布本课教学内容和学习目标;
(3)慢跑热身;(4)专项拉伸;(5)篮球专项球操。

2. 过程推进

(1) 学习直线运球。通过行进间运球练习,充分热身,活跃气氛,为下一学习内容做好准备。

（2）分组直线运球折返练习。

（3）游戏:运球突破封锁线（见图 3-16）。把学生分成两组，一组进攻，站在球场端线，另一组站在圆圈内防守。游戏规则:①进攻队员必须快速运球到对面端线;②进攻队员不可抱球跑;③防守队员必须站在圈内防守。

3. 拓展延伸

（1）原地高运球换手 30 次;（2）放松练习;（3）宣布下课。

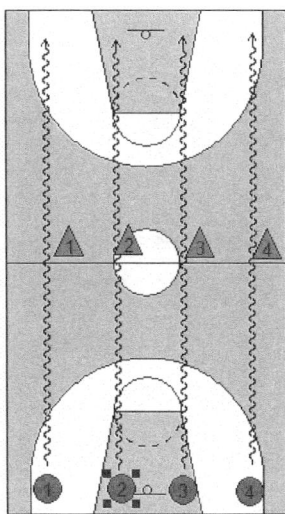

图 3-16　运球突破封锁线

第4课时　行进间直线运球

1. 常规积累

（1）操场集合,检查着装,安排见习生;（2）宣布本课教学内容和学习目标;（3）慢跑热身;（4）专项拉伸;（5）篮球专项球操。

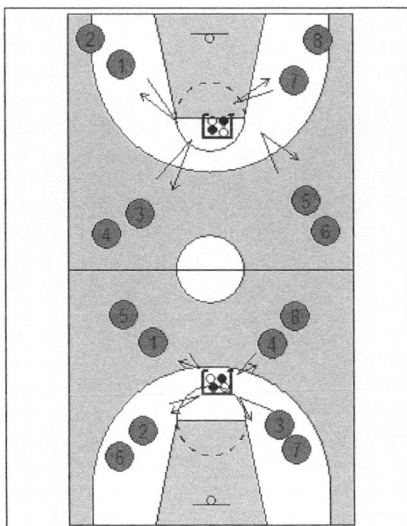

图 3-17　运球取物

2. 过程推进

（1）复习直线运球。通过直线运球练习,充分热身,活跃气氛,为下一学习内容做好准备。（2）半场分组直线运球折返练习。（3）游戏:运球取物（见图 3-17）。游戏方法:学生分四路纵队分别站在篮球场四个角,教师发令后,每组同学运球到中圈来取物。游戏规则:①每人每次只能取一件;②取回来的物品放好后,下一位同学才能出发。

3. 拓展延伸

（1）原地高低运球各 30 次;（2）放松练习;（3）宣布下课。

第5课时　运球急停急起

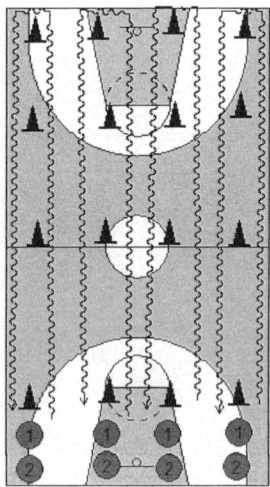

图 3-18　障碍运球急停急起

1. 常规积累

(1)操场集合,检查着装,安排见习生;(2)宣布本课教学内容和学习目标;(3)慢跑热身;(4)专项拉伸;(5)游戏:斗牛。

2. 过程推进

(1)复习行进间运球的动作要领;(2)学习运球急停急起;(3)障碍运球急停急起(见图3-18)。

3. 拓展延伸

(1)重运球 30 次;(2)放松练习;(3)宣布下课。

第6课时　单手肩上投篮(男)、双手胸前投篮(女)

1. 常规积累

(1)操场集合,检查着装,安排见习生;(2)宣布本课教学内容和学习目标;(3)慢跑热身;(4)专项拉伸;(5)游戏:刺激战场。

2. 过程推进

(1)复习双手胸前传接球;(2)讲解并示范单手肩上投篮的动作要领;(3)投篮比赛。游戏方法:将学生分为人数相等的 4 组,每组以半个篮球场为场地,从排头同学开始依次投篮,每人一次,直到最后一名同学投完。裁判统计每组投进的总数,投进数最多的小组获胜。

3. 拓展延伸

(1)原地向上投篮 30 次;(2)放松练习;(3)宣布下课。

第7课时　原地击地传接球与游戏

1. 常规积累

(1)操场集合,检查着装,安排见习生;(2)宣布本课教学内容和学习目标;

（3）慢跑热身；（4）专项拉伸；（5）游戏：手递手传球。

2. 过程推进

（1）复习双手胸口传接球（见图3-19）。①教师讲解并示范双手胸口传接球的动作方法；②教师组织学生进行动作练习。

（2）双手击地传球（见图3-20）。①移动中击地传接球；②无球练习。

图3-19　双手胸前传接球

图3-20　双手击地传接球

（3）成果检验。

3. 拓展延伸

（1）单人原地双手击地运球50次；（2）放松练习；（3）宣布下课。

第8课时　行进间击地传接球与游戏

1. 常规积累

（1）操场集合，检查着装，安排见习生；（2）宣布本课教学内容和学习目标；（3）慢跑热身；（4）专项拉伸；（5）游戏：行进间手递手传接球。

2. 过程推进

（1）复习原地双手击地传接球（见图3-21）。①教师展示双手击地传接球的动作方法；②教师组织学生进行动作练习。

图3-21　原地双手击地传接球

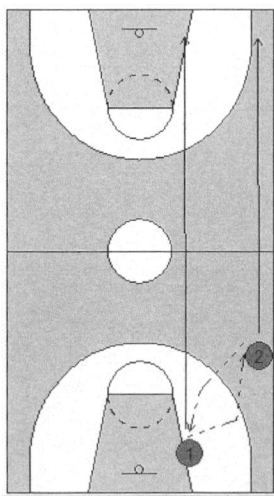

图 3 - 22　行进间双手击地传接球

（2）行进间双手原地击地传球（见图 3 - 22）。

（3）学生展示。

3. 拓展延伸

（1）单人原地双手击地运球 50 次；（2）放松练习；（3）宣布下课。

◆　**第 9 课时　双手胸前投篮与游戏**　◆

1. 常规积累

（1）操场集合，检查着装，安排见习生；（2）宣布本课教学内容和学习目标；（3）慢跑热身；（4）专项拉伸；（5）游戏：传球断球。

2. 过程推进

（1）熟悉球性练习。①手指左右拨球练习 4 次；②双手抛接球练习 4 次；③抛球跳起接球练习 4 次；④抛球下蹲接球练习 4 次。

（2）学习双手胸前投篮的基本技术（见图 3 - 23）。①教师讲解并示范双手胸前投篮的动作要领；②教师组织学生进行练习；③教师巡回指导，对学生的错误动作进行纠正；④教师请动作标准的同学进行展示。

（3）投篮进圈比赛（见图 3 - 24）。游戏方法：学生双脚前后开立，双手持球于胸腹之间，两肘自然弯曲于体侧，身体成基本站立姿势，眼平视传球目标。传球时后脚蹬地发力，身体重心前移，手指发力将球投进同伴的

图 3 - 23　双手胸前投篮

呼啦圈内,拿呼啦圈的学生双手伸直,双手拳心对拳心,上下相握。

图 3-24　投篮进圈比赛

3. 拓展延伸

(1)对墙传球 30 次;(2)放松练习;(3)宣布下课。

◆ 第10课时　复习双手胸前投篮与游戏 ◆

1. 常规积累

(1)操场集合,检查着装,安排见习生;(2)宣布本课教学内容和学习目标;(3)慢跑热身;(4)专项拉伸;(5)游戏:传球断球。

2. 过程推进

(1) 熟悉球性练习。①手指左右拨球练习 4 次;②双手抛接球练习 4 次;③抛球跳起接球练习 4 次;④抛球下蹲接球练习 4 次。

(2) 复习双手胸前投篮基本技术(见图 3-25)。①教师示范并讲解双手胸前投篮的动作要领;②讲解投篮口诀:两脚前后微屈膝,双手持球于胸前,蹬伸

图 3-25　双手胸前投篮

扣拨快出手;③教师组织学生进行练习;④教师巡回指导,对学生的错误动作进行纠正;⑤教师请动作标准的同学进行展示。

(3) 三人一组提高投篮弧度练习。

3. 拓展延伸

(1)对墙传球 30 次;(2)放松练习;(3)宣布下课。

第 11 课时　原地运球比多与游戏

1. 常规积累

(1)操场集合,检查着装,安排见习生;(2)宣布本课教学内容和学习目标;(3)慢跑热身;(4)专项拉伸;(5)游戏:一分钟运球比多。

2. 过程推进

(1) 游戏:胯下传球(见图 3 - 26)。游戏方法:分成 4 路纵队,每队一球,从排头开始,两腿打开,双手抱球从胯下传球,传至排尾。要求动作正确到位。

(2) 运球比多(见图 3 - 27)。①复习原地拍球。②尝试 30 秒计时拍球。③尝试 1 分钟计时拍球。重点:掌握正确的原地拍球方法;难点:控制好球与地面反弹的高度,人行进的速度与运球时的动作要协调。④学生分成四组相隔 1 米进行拍球练习。

图 3 - 26　胯下传球

图 3 - 27　运球比多

3. 拓展延伸

(1)传球接力;(2)放松练习;(3)宣布下课。

第12课时　行进间运球比稳与游戏

1. 常规积累

(1)操场集合,检查着装,安排见习生;(2)宣布本课教学内容和学习目标;(3)慢跑热身;(4)专项拉伸;(5)游戏:一分钟运球比多。

2. 过程推进

(1) 游戏:胯下传球(见图3-28)。游戏方法:分成4路纵队,每队一球,从排头开始,两腿打开,双手抱球从胯下传球,传至排尾。看哪一队速度快。

(2) 运球比稳(见图3-29)。①复习原地运球;②练习双手行进间运球;③组织学生练习单手行进间运球比稳。

图3-28　胯下传球

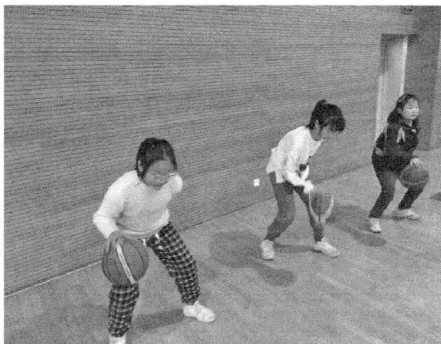
图3-29　运球比稳

3. 拓展延伸

(1)一分钟运球无失误练习;(2)放松练习;(3)宣布下课。

第13课时　计时拍球

1. 常规积累

(1)操场集合,检查着装,安排见习生;(2)宣布本课教学内容和学习目标;(3)慢跑热身;(4)专项拉伸;(5)游戏:一分钟运球比多。

2. 过程推进

(1) 尝试各种原地运球练习。

（2）计时运球。①一分钟左、右手计时运球；②一分钟换手运球；③一分钟高、低运球；④一分钟前后推拨球；⑤一分钟重运球。

（3）组织学生独立完成计时运球练习，尝试计时比赛比多。

3. 拓展延伸

(1)夹球抬腿一分钟练习；(2)放松练习；(3)宣布下课。

◆ 第14课时　半场比赛 ◆

1. 常规积累

(1)操场集合，检查着装，安排见习生；(2)宣布本课教学内容和教学目标；(3)慢跑热身；(4)专项拉伸。

2. 过程推进

（1）复习篮球基本技术：①拍球；②原地传接球；③投篮。

（2）教学比赛。根据学生能力、男女生的不同特点进行分组，介入篮球规则，4人一组进行半场篮球对抗赛。

3. 拓展延伸

(1)15米×7折返跑2组；(2)放松练习；(3)宣布下课。

第四节　篮球体能

二年级篮球体能篇共6学时，内容包含弹跳类（蛙跳、跳台阶）、综合跑类（半场跑、四分之三场地跑等）、反应类（"长江黄河"、听信号跑）等，详见表3-4。

表3-4　二年级篮球体能教案

序号	教学内容	教学目标
1	弹跳类：蛙跳	1. 学生通过蛙跳练习，增强上下肢协调配合能力，发展腿部力量及跳跃能力 2. 学生主动参与到训练与游戏中，在训练中慢慢提高动作技能 3. 学生在自主练习与游戏中学会合作与评价，体验篮球运动带来的乐趣和成功的喜悦

（续表）

序号	教学内容	教学目标
2	弹跳类：跳台阶	1. 学生通过跳台阶等体能训练，提高上肢的协调和平衡能力，以及弹跳能力和判断力 2. 学生主动参与训练与游戏，在训练中慢慢提高动作技能 3. 学生在自主练习与游戏中学会合作与评价，体验篮球运动带来的乐趣和成功的喜悦
3	综合跑类：四分之三场地跑、三角跑	1. 学生通过四分之三场地跑、三角跑等体能训练，提高速度、力量、耐力、爆发力等 2. 学生主动参与训练与游戏，在训练中慢慢提高动作技能 3. 学生在自主练习与游戏中学会合作与评价，体验篮球运动带来的乐趣和成功的喜悦
4	综合跑类：半场跑、三角跑	1. 学生通过半场跑、三角跑等体能训练，提高速度、力量、耐力、爆发力等 2. 学生主动参与训练与游戏，在训练中慢慢提高动作技能 3. 学生在自主练习与游戏中学会合作与评价，体验篮球运动带来的乐趣和成功的喜悦
5	反应类：游戏"长江黄河"	1. 学生通过游戏，提高速度、力量和快速反应能力 2. 学生主动参与训练与游戏，在训练中慢慢提高动作技能 3. 学生在自主练习与游戏中学会合作与评价，体验游戏带来的乐趣与成功的喜悦
6	反应类：听信号跑	1. 学生通过听信号跑练习，进一步发展奔跑能力和身体的灵敏性，提高速度、力量、耐力、爆发力等 2. 学生主动参与训练与游戏，在训练中慢慢提高动作技能 3. 学生在自主练习与游戏中学会合作与评价，体验运动带来的乐趣和成功的喜悦

第1课时 蛙跳

1. 常规积累

（1）操场集合，检查着装，安排见习生；（2）师生问好；（3）宣布本课教学内容和学习目标；（4）强调安全问题；（5）专项拉伸。

2. 过程推进

（1）弹跳类：原地蛙跳跳远比赛（见图3-30）。①教师讲解、示范蛙跳姿势，强调双脚起跳双脚落地；②学生自由练习2分钟；③组织学生从同一起跳线连续跳跃10次，跳得最远的同学掌声鼓励（三组）。

图 3-30　蛙跳

(2)游戏:相反肢体训练。游戏方法:组织学生围成一个圈,教师站在圈中间发布口令,学生听口令做相反动作。口令:向左转→向右转、蹲下→起立、向前跳→向后跳、立正→跨立。

3. 拓展延伸

(1)一分钟平板支撑;(2)放松练习;(3)宣布下课。

◆ 第2课时　跳台阶 ◆

1. 常规积累

(1)操场集合,检查着装,安排见习生;(2)师生问好;(3)宣布本课教学内容和学习目标;(4)强调安全问题;(5)专项拉伸。

2. 过程推进

(1)弹跳类:跳台阶(见图3-31)。①教师示范台阶跳的姿势动作,强调呼吸与动作的配合;②学生自由练习,教师巡回纠错;③组织学生一分钟跳台阶练习;④练习重复三组。

(2)游戏:相反肢体训练。游戏方法:组织学生围成一个圈,教师站在圈中间发布口令,同时不断加快速度。口令:向左转—向右转、蹲下—起立、向前跳—向后跳、立正—跨立。

图 3-31　跳台阶

3. 拓展延伸

(1)一分钟平板支撑;(2)放松练习;(3)宣布下课。

● 第3课时 四分之三场地跑、三角跑 ●

1. 常规积累

(1)操场集合,检查着装,安排见习生;(2)师生问好;(3)宣布本课教学内容和学习目标;(4)强调安全问题;(5)专项拉伸。

2. 过程推进

(1) 综合跑类:四分之三场地跑。①向学生介绍四分之三场地跑的规则与方法;②组织学生进行四分之三场地跑,看谁的用时最少。

(2) 综合跑类:三角跑(见图3-32)。①游戏方法:所有学生分成三路纵队,站于等边三角形的顶点。当哨声响起时每组第一位同学向各队左手边队伍的队尾跑去。当第一名队员到达队尾时,下一位排头同学出发,以此类推。②尝试计时比赛,评价。

图3-32 三角跑

3. 拓展延伸

(1)立卧撑30个;(2)放松练习;(3)宣布下课。

● 第4课时 半场跑、三角跑 ●

1. 常规积累

(1)操场集合,检查着装,安排见习生;(2)师生问好;(3)宣布本课教学内容和学习目标;(4)强调安全问题;(5)专项拉伸。

2. 过程推进

(1) 综合跑类:半场跑(见图3-33)。①教师讲解半场跑的路线及规则;②学生听信号进行练习;③以小组为单位进行分组接力练习。

(2) 综合跑类:复习三角跑。组织学生站在底线位置,教师站在中间发布

图 3-33 半场跑

口令。注意,对角线加速,边线慢跑。

3. 拓展延伸

(1)立卧撑 30 个;(2)放松练习;(3)宣布下课。

第 5 课时　游戏"长江黄河"

1. 常规积累

(1)操场集合,检查着装,安排见习生;(2)师生问好;(3)宣布本课教学内容和学习目标;(4)强调安全问题;(5)专项拉伸。

2. 过程推进

(1)游戏:折返跑。①教师讲解折返跑的方法及要求,定好折返点。规定路线为:端线→罚球线→端线→中线→端线;②组织学生进行练习(重复四组);③记录每组每位同学的用时,进行组内比较。

图 3-34 "长江黄河"游戏

(2)反应练习:游戏"长江黄河"。游戏规则:与以往的一条"河"隔开双方不同,此玩法用两条相隔一米的横线将双方隔开,双方 6 人或 8 人每人占据一条跑道(没有塑胶跑道的可以用石灰粉画线),背对背站好,然后双方前面各画一条终点线(见图 3-34)。

3. 拓展延伸

(1)举腿 30 秒;(2)放松练习;(3)宣布下课。

第6课时 听信号跑

1. 常规积累

(1)操场集合,检查着装,安排见习生;(2)师生问好;(3)宣布本课教学内容和学习目标;(4)强调安全问题;(5)专项拉伸。

2. 过程推进

(1) 游戏:复习三角跑。游戏方法:组织学生在底线进行三角跑游戏,教师站在中间发布口令。注意,对角线加速,边线慢跑。

(2) 反应练习:听信号跑。游戏规则:学生站在白线后,教师吹哨子发令,学生及时做出相应的反应(见图 3-35)。

图 3-35 听信号跑

3. 拓展延伸

(1)单脚支撑练习;(2)放松练习;(3)宣布下课。

第四章　三年级教学设计

三年级教学设计共分为篮球理论、篮球体验、篮球技术、篮球体能四大模块内容。

第一节　篮球理论

本节主要对篮球起源及发展、篮球违例手势进行介绍,促进学生认知,共2学时,详见表4-1。

表4-1　三年级篮球理论教案

序号	教学内容	教学目标
1	篮球的起源和发展以及篮球运动在中国的发展	1. 简单介绍篮球的起源与发展,激发学生学习篮球的兴趣 2. 学生体验篮球运动带来的乐趣与成功的喜悦,提升学习兴趣 3. 培养学生不怕困难、迎难而上的精神,并使之做到自律、自强,不乏个性张扬
2	篮球比赛中裁判员的手势	1. 通过讲解与示范,学生看懂篮球比赛中的违例手势,并主动运用到篮球比赛中 2. 学生在自主练习中学会合作与评价,体验篮球运动带来的乐趣与成功的喜悦 3. 培养学生不怕困难、迎难而上的精神,并使之做到自律、自强,不乏个性张扬

具体分课时实施如下。

◆ **第1课时 篮球的起源和发展以及篮球运动在中国的发展** ◆

1. 常规积累

(1)集合整队；(2)师生问好；(3)宣布本课教学内容和学习目标。

2. 过程推进

介绍：(1)篮球运动的起源与发展；(2)篮球基本规则；(3)篮球史上的重要事件；(4)现代篮球运动的特点；(5)现代篮球运动的基本规律；(6)篮球运动的发展趋势；(7)篮球运动在中国的发展状况。

3. 拓展延伸

(1)课后查阅篮球在其他国家的发展情况；(2)小结本课。

◆ **第2课时 篮球比赛中裁判员的手势** ◆

1. 常规积累

(1)集合整队；(2)师生问好；(3)宣布本课教学内容和学习目标。

2. 过程推进

教师讲解篮球比赛过程中裁判员的各种手势，结合实际教学进行示范。

3. 拓展延伸

(1)一人比划自主出示手势一人说明；(2)小结本课；(3)师生再见。

第二节 篮 球 体 验

篮球体验主要为游戏类活动，共10学时，在正式接触到技术学习前进行游戏体验，主要内容包括速度竞赛游戏(原地追拍跑、折返跑比赛)、无球合作游戏(攻占营门、换球互追)、单人有球游戏(看号追人、争抢"三线")、多人有球合作游戏(穿越"小树林"、圆圈接力等)，详见表4-2。

表4-2　三年级篮球体验教案

序号	教学内容	教学目标
1	速度竞赛游戏：原地追拍跑、折返跑比赛	1. 通过原地追拍跑、折返跑比赛，初步提高学生的反应能力、奔跑速度，动作的敏捷性和快速起动能力 2. 学生在自主练习中学会合作与评价，体验篮球运动带来的乐趣与成功的喜悦 3. 培养学生不怕困难、迎难而上的精神，并使之做到自律、自强，不乏个性张扬
2	速度竞赛游戏：复习原地追拍跑、折返跑	1. 通过原地追拍跑、折返跑比赛，提高学生的反应能力、奔跑速度，动作的敏捷性和快速起动能力 2. 学生在自主练习中学会合作与评价，进一步体验篮球运动带来的乐趣与成功的喜悦 3. 培养学生不怕困难、迎难而上的精神，并使之做到自律、自强，不乏个性张扬
3	无球合作游戏：攻占营门、换球互追	1. 通过攻占营门、换球互追比赛，初步提高学生的速度、灵活性和变向移动能力 2. 学生在自主练习中学会合作与评价，体验篮球运动带来的乐趣与成功的喜悦 3. 培养学生在比赛中不怕困难、迎难而上的精神，并使之做到自律、自强，不乏个性张扬
4	无球合作游戏：复习攻占营门、换球互追	1. 通过攻占营门、换球互追比赛，提高学生的速度、灵活性和变向移动能力 2. 学生在自主练习中学会合作与评价，进一步体验篮球运动带来的乐趣与成功的喜悦 3. 培养学生在比赛中不怕困难、迎难而上的精神，并使之做到自律、自强，不乏个性张扬
5	单人有球合作游戏：看号追人、争抢"三线"	1. 通过看号追人、争抢"三线"游戏，初步提高学生脚步的灵活性和协调性 2. 学生主动参与游戏练习，在练习中掌握动作技能，体验篮球运动带来的乐趣与成功的喜悦 3. 培养学生在比赛中不怕困难、迎难而上的精神，并使之做到自律、自强，不乏个性张扬
6	单人有球合作游戏：复习看号追人、争抢"三线"	1. 通过看号追人、争抢"三线"游戏，提高学生脚步的灵活性和协调性 2. 学生主动参与游戏练习，在反复练习中掌握动作技能，进一步体验篮球运动带来的乐趣与成功的喜悦 3. 培养学生在比赛中不怕困难、迎难而上的精神，并使之做到自律、自强，不乏个性张扬

（续表）

序号	教学内容	教学目标
7	多人有球合作游戏：穿越"小树林"、圆圈接力	1. 学生初步掌握慢跑传接球的技巧动作 2. 通过对各种动作的练习，学生在跑动中完成传接球动作，激发学生对篮球运动的兴趣，提高学生的身体协调性和爆发力 3. 通过反复练习，增强学生的合作能力，提高学生发现问题与自主学习能力，享受体育带来的快乐和成功的乐趣
8	多人有球合作游戏：复习穿越"小树林"、圆圈接力	1. 学生掌握传接球的动作要领 2. 学生在跑动中完成传接球的动作，提高身体素质及协调性 3. 培养学生的自我表现能力，充分展示自我个性，积极探讨，互帮互学，提高团队意识
9	多人有球合作游戏：抛球快接、圆中抢球（一）	1. 通过抛球快接、圆中抢球游戏，初步提高学生快速跑过程中急停、转身的效率和准确性 2. 学生主动参与游戏练习，在练习中掌握动作技能，体验篮球运动带来的乐趣与成功的喜悦 3. 培养学生不怕困难、迎难而上的精神，并使之做到自律、自强，不乏个性张扬
10	多人有球合作游戏：抛球快接、圆中抢球（二）	1. 通过抛球快接、圆中抢球游戏，提高学生快速跑过程中急停、转身的效率和准确性 2. 学生主动参与游戏练习，在反复练习中掌握动作技能，进一步体验篮球运动带来的乐趣与成功的喜悦 3. 培养学生不怕困难、迎难而上的精神，并使之做到自律、自强，不乏个性张扬

第1课时　原地追拍跑、折返跑比赛

1. 常规积累

（1）篮球馆集合，检查着装，接受体委报告；（2）宣布本课教学内容和学习目标；（3）慢跑热身；（4）专项拉伸；（5）游戏。

2. 过程推进

（1）原地追拍跑（见图4-1）。游戏方法：把学生分为人数相等的两队，成横排列于球场中线两侧，并指定其中一队为单数队，另一队为双数队。游戏以下列任一种方式进行。①教师高声报出"单数"或"双数"，被叫到号的队立即起动追拍未被叫到号的对方；或反过来，未被叫到号的队立即起动追拍被叫到号的队。②教师以长、短哨声为信号，约定双方的代表哨声。教师鸣哨后，学生根据哨声做出判断,并立即起动追拍对方。③教师报出具体数字,学生迅速做出判断,若所报数字是奇数,则单数队起动追拍对方;若所报数字为偶数,则双数队起动追拍对方。④教师组织学生尝试进行游戏。⑤教师宣布游戏结果,并加以评价。

(2)折返跑。①把学生分为人数相等的两队。游戏开始后,两队排头立即起动,快跑至罚球线急停—转身—跑回原端线—急停—转身—快跑到中线—急停—转身—快跑返回原端线并与同伴击掌,接着该队第二人按同样路线快跑,先完成的队即为获胜(见图4-2)。②教师组织学生进行游戏。③教师宣布游戏结果,并加以评价。

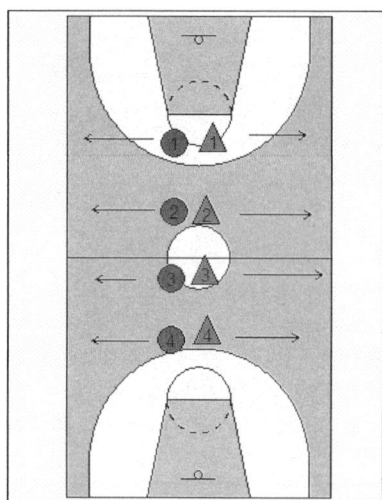

图4-1　原地追拍跑路线

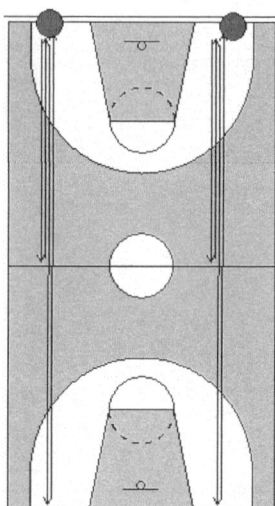

图4-2　折返跑路线

3. 拓展延伸

(1)跳绳100个;(2)小结本课。

◆·········· 第2课时　复习原地追拍跑、折返跑 ··········◆

1. 常规积累

(1)篮球馆集合,检查着装,接受体委报告;(2)宣布本课教学内容和学习目标;(3)慢跑热身;(4)专项拉伸;(5)游戏。

2. 过程推进

(1)复习原地追拍跑。游戏方法:把学生分为人数相等的两队,成横排列于球场中线两侧,并指定其中一队为单数队,另一队为双数队。游戏以下列任一种方式进行。①教师高声报出"单数"或"双数",被叫到号的队立即起动追拍未被叫到号的对方;或反过来,未被叫到号的队立即起动追拍被叫到号的队。②教师用长、短哨声为信号,约定双方的代表哨声。教师鸣哨后,学生根据哨声做出判断,并立即起动追拍对方。③教师报出具体数字后,学生迅速做出判断,若数字是奇数,则单数队起动追拍对方;若数字为偶数,则双数队起动追拍对方。④教师组织学生进行游戏(见图4-3)。⑤教师宣布游戏结果,并加以评价。

(2)折返跑。①把学生分为人数相等的两队。游戏开始后,两队排头队员立即起动,快跑到罚球线急停—转身—跑回原端线—急停—转身—快跑到中线—急停—转身—快跑返回原端线并与同伴击掌,该队第二人按同样路线快跑,先完成的队获胜。②教师组织学生进行游戏(见图4-4)。③教师宣布游戏结果,并加以评价。

图4-3 原地追拍跑

图4-4 折返跑练习

3. 拓展延伸

(1)立卧撑40个;(2)小结本课;(3)师生再见;(4)归还器材。

第3课时 攻占营门、换球互追

1. 常规积累

(1)篮球馆集合,检查着装,安排见习生;(2)宣布本课教学内容和学习目标;(3)慢跑热身;(4)专项拉伸。

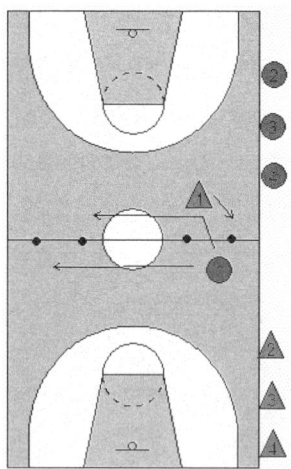

图 4-5 攻占营门示意

2. 过程推进

（1）攻占营门（见图 4-5）。①游戏方法：把学生分成人数相等的两队，以球场中线为界，两个半场为各自的"营"，学生横排站立于同一边线的两侧。在中线放四个篮球，各球间相隔约两米作为双方"营门"。游戏开始时，双方各出一人位于各自营门前，指定甲方为攻方，乙方为守方。甲方设法利用虚晃、变向等假动作摆脱乙方的防守，并设法进球。守方利用各种防守脚步阻止对方进球，规定时间内进球数多的队获胜。②教师组织学生尝试进行游戏。③教师宣布游戏结果，并加以评价。

（2）换球互追（见图 4-6）。①全队每人平托一个篮球成一圆圈站立，指定一人为"进攻抢球者"。游戏开始后，沿外圆圈逆（或顺）时针方向快跑，随时趁持球人不备从其手中把球抢走后继续奔跑。持球人在球被抢后立即追赶，在回到原位置前追上，则仍由原抢球人继续抢球，否则持球人则变为抢球人，再用同样方法去抢别人的球。②教师组织学生进行游戏并指导。③教师宣布游戏结果，并加以评价。

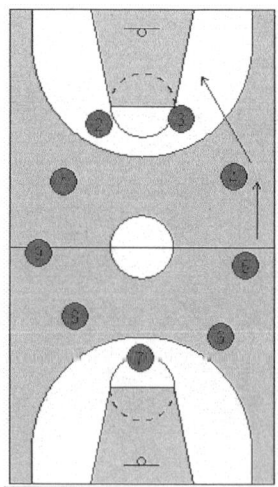

图 4-6 换球互追示意

3. 拓展延伸

（1）原地跑接球 40 次；（2）放松练习；（3）宣布下课。

第 4 课时　复习攻占营门、换球互追

1. 常规积累

（1）篮球馆集合，检查着装，安排见习生；（2）宣布本课教学内容和学习目标；（3）慢跑热身；（4）专项拉伸。

2. 过程推进

（1）复习攻占营门。①游戏方法：把学生分成人数相等的两队，以球场中线为界，两个半场为各自"营"，各成横排站立于同一边线的两侧。在中线放四个篮球，各球间相隔约两米作为双方"营门"。游戏开始时，双方各出一人位于各自营门前，指定甲方为攻方，乙方为守方。甲方设法利用虚晃、变向等假动作摆脱乙

图4-7 攻占营门

方的防守，设法进球，守方利用各种防守脚步阻止对方进球，规定时间内进球数多的获胜。②教师组织学生进行游戏（见图4-7）。③教师宣布游戏结果，并加以评价。

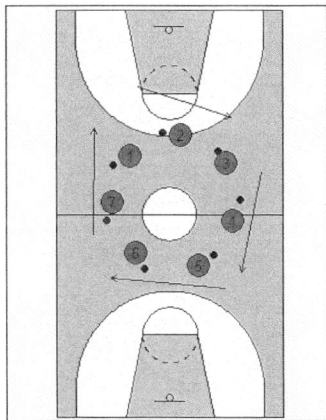

图4-8 换球互追示意

（2）复习换球互追（见图4-8）。①全队每人手平托一个篮球成一圆圈站立，指定一人为"进攻抢球者"，开始后，沿外圆圈逆（或顺）时针方向快跑，随时趁持球人不备从其手中把球抢走后继续奔跑。持球人在球被抢后立即追赶，在回到原位置前追上，则仍由原抢球人继续抢球，否则，自己则变为抢球人，再用同样方法去抢别人的球。②教师组织全体学生进行游戏。③教师宣布游戏结果，并加以评价。

3. 拓展延伸

（1）原地跑接球40次；（2）放松练习；（3）宣布下课。

第5课时 看号追人、争抢"三线"

1. 常规积累

（1）篮球馆集合，检查着装，安排见习生；（2）宣布本课教学内容和教学目标；（3）慢跑热身；（4）球操。

2. 过程推进

(1) 看号追人。①游戏方法如图 4-9 所示,把学生分为甲、乙两队相向而立,先由教师在每人背后标上号码。游戏开始,两队各出一人,相互利用快速脚步移动的方法设法看对方背后的号码,先看到者得一分;然后双方第二人出列进行同样的比赛,直到全队完成,积分多的队获胜。②教师组织学生进行游戏,并个别指导。③教师宣布游戏结果,并加以评价。

(2) 争抢"三线"。①游戏方法如图 4-10 所示,全体学生成横排站立于球场端线外。约定两端线和一条中线的代号为 1,2,3。游戏开始,教师随机喊出代号,学生快速站到线上并举手示意,最后一个到达的为失败。②教师组织学生进行游戏,并个别指导。③教师宣布游戏结果,并加以评价。

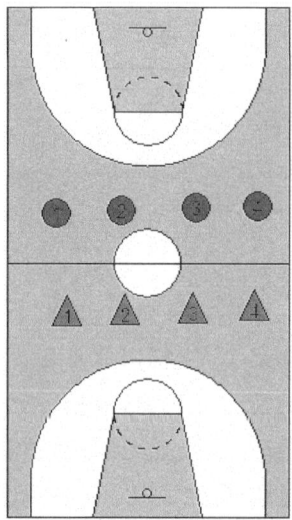

图 4-9　看号追人示意　　　　　图 4-10　争抢"三线"示意

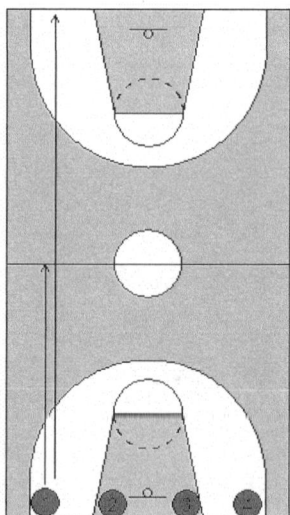

3. 拓展延伸

(1)一分钟原地运球比多;(2)小结本课;(3)放松练习;(4)宣布下课。

第 6 课时　复习看号追人、争抢"三线"

1. 常规积累

(1)篮球馆集合,检查着装,安排见习生;(2)宣布本课教学内容和学习目

标;(3)慢跑热身;(4)球操。

2. 过程推进

(1) 复习"看号追人"。①游戏方法如图 4-11 所示,把学生分为甲、乙两队相向而立,先由教师在每人背后标上号码。游戏开始,各队各出一人,相互利用快速脚步移动的方法设法看对方背后的号码,先看到者得一分;然后双方第二人出列进行同样的比赛,直到全队完成,积分多的队获胜。②教师组织全体学生进行游戏。③教师宣布游戏结果,并加以评价。

(2) 复习争抢"三线"。①全体学生成横排站立于球场端线外。约定两条端线、一条中线代号分别为 1,2,3。游戏开始,教师随机喊出代号,学生快速站到线上并举手示意,最后一个到达的为失败。②教师组织全体学生进行游戏(见图 4-12)。③宣布游戏结果,并加以评价。

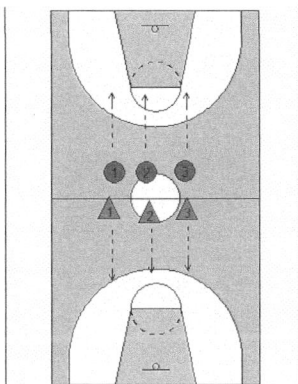

图 4-11   看号追人示意

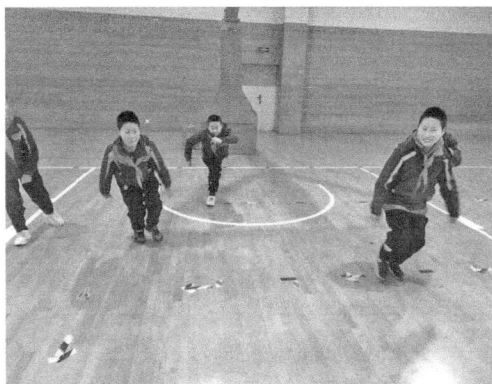

图 4-12   争抢"三线"游戏

3. 拓展延伸

(1)一分半钟原地运球比多;(2)小结本课;(3)放松练习;(4)宣布下课。

第 7 课时   穿越"小树林"、圆圈接力

1. 常规积累

(1)篮球馆集合,检查着装,安排见习生;(2)宣布本课教学内容和学习目标;(3)慢跑热身;(4)专项拉伸。

2. 过程推进

(1) 穿越"小树林"。①游戏方法如图 4-13 所示,篮球场两端线规定为

"安全线",把学生分为人数相等的甲、乙两队。甲队在篮球场罚球线延长线站成一横排,左右间隔一米组成"树林",乙队穿越"小树林"。游戏开始,甲队利用滑步、反跑、转身等移动技术设法阻止乙队的进攻,而乙队利用脚步设法穿越"小树林",规定时间内,穿越人数多的队获胜。②教师组织学生进行游戏,并个别指导。③教师宣布游戏结果,并加以评价。

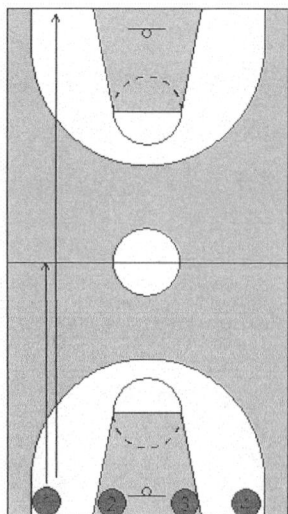

图 4-13 穿越"小树林"

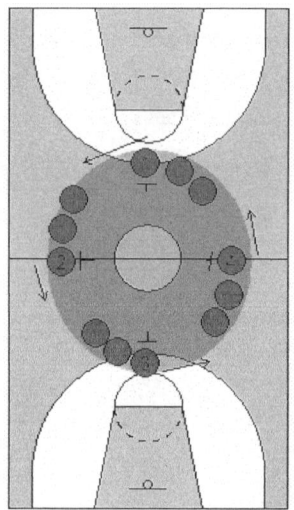

图 4-14 圆圈接力

(2) 圆圈接力。①游戏方法如图 4-14 所示,以中圈为圆心,画一个半径 8 米的大圆,在十字交叉起点画四条横线,学生站在横线后。游戏开始,四队排头迅速起动,沿顺时针方向绕圆圈做侧身快跑,跑回出发点时与本队第二人击掌,第二人以同样方法做侧身快跑……如此反复进行,直到全队完成,先完成的队获胜。②教师组织学生进行游戏,并个别指导。③教师宣布游戏结果,并加以评价。

(3) 根据学生的练习情况重复游戏。

3. 拓展延伸

(1)原地换手运球 150 次;(2)小结本课;(3)放松练习;(4)宣布下课。

◆◆◆ **第 8 课时　复习穿越"小树林"、圆圈接力** ◆◆◆

1. 常规积累

(1)篮球馆集合,检查着装,安排见习生;(2)宣布本课教学内容和学习目

标;(3)慢跑热身;(4)专项拉伸。

2. 过程推进

(1) 复习穿越"小树林"。①游戏方法如图 4 - 15 所示,篮球场两条端线规定为"安全线"。把学生分为人数相等的甲、乙两队。甲队在篮球场的罚球线延长线站成一横排,左右间隔一米组成"树林",乙队穿越"小树林"。游戏开始,甲队利用滑步、反跑、转身等移动技术设法阻止乙队的进攻,而乙队利用脚步设法穿越"小树林",规定时间内,穿越人数多的队获胜。②教师组织全体学生进行游戏。③教师宣布游戏结果,并加以评价。

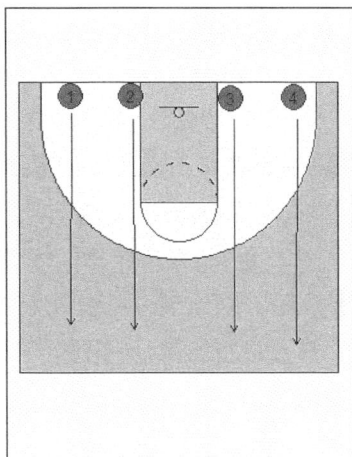

图 4 - 15　穿越"小树林"

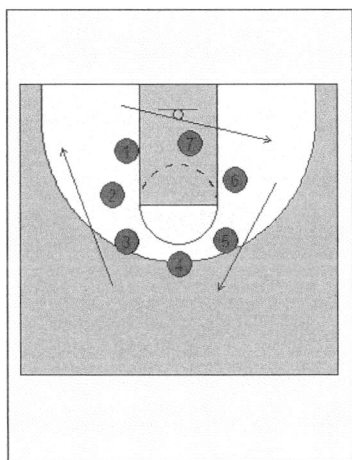

图 4 - 16　圆圈接力

(2) 圆圈接力。①游戏方法如图 4 - 16 所示,以中圈为圆心,画一个半径 8 米的大圆,在十字交叉起点画四条横线,学生站在横线后。游戏开始,四队排头迅速起动,沿顺时针方向绕圆圈做侧身快跑,跑回原出发点时与本队第二人击掌,第二人再以同样方法做侧身快跑……如此反复进行,直到全队完成,先完成的队获胜。②教师组织全体学生进行游戏。③教师宣布游戏结果,并加以评价。

(3) 根据学生的练习情况重复游戏。

3. 拓展延伸

(1)原地换手运球 150 次;(2)小结本课;(3)放松练习;(4)宣布下课。

第9课时　抛球快接、圆中抢球(一)

1. 常规积累

(1)篮球馆集合,检查着装,安排见习生;(2)宣布本课内容和教学目标;(3)慢跑热身;(4)专项拉伸。

2. 过程推进

（1）抛球快接。①游戏方法如图 4 - 17 所示,在篮球场围成一个圆圈,选一人在中间边抛球边报数,数字对应相应的队员,听到数字的队员快速来接球,接到继续报数,没有接到则接受惩罚。②教师组织学生进行游戏,并个别指导。③教师宣布游戏结果,加以评价。

（2）游戏:圆中抢球。①游戏方法如图 4 - 18 所示,围成一个圆圈,队员持球不超过 3 秒,进行任意队员之间的传接球,中间一人抢球,摸到即默认为抢到球,队员进行轮转,反复进行。②组织学生进行游戏。③教师宣布游戏结果,加以评价。

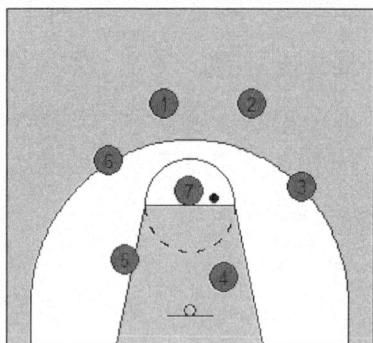

图 4 - 17　抛球快接

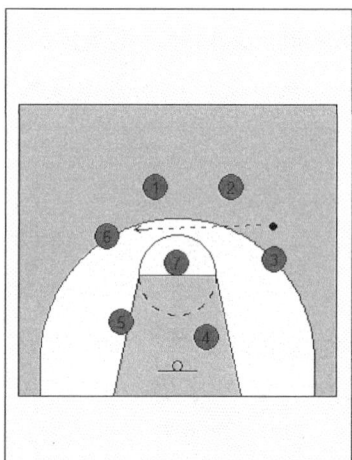

图 4 - 18　圆中抢球

（3）根据学生的练习情况重复游戏。

3. 拓展延伸

(1)原地向上拨球 50 次;(2)小结本课;(3)放松练习;(4)宣布下课。

第 10 课时　抛球快接、圆中抢球(二)

1. 常规积累

(1)篮球馆集合,检查着装,安排见习生;(2)宣布本课内容和教学目标;(3)慢跑热身;(4)专项拉伸。

2. 过程推进

(1) 抛球快接。①教师讲解游戏方法。如图 4-19 所示,在篮球场围成一个圆圈,选一人在中间采用加减法方法边抛球边报数,数字对应相应的队员,听到数字的队员快速来接球,接到继续报数,没有接到则接受惩罚。②教师组织学生进行游戏。③教师宣布游戏结果,加以评价。

(2) 游戏:圆中抢球。①教师讲解游戏方法。如图 4-20 所示,围成一个圆圈,队员持球不超过 3 秒,进行任意队员之间的传接球,中间根据班级学生能力,增加为 2~3 人抢球,摸到即默认为抢到球,队员进行轮转,反复进行。②教师组织学生进行游戏。③教师宣布游戏结果,加以评价。

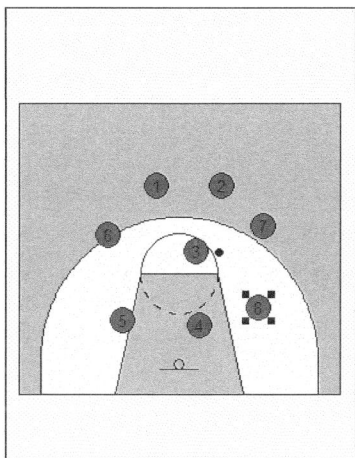

图 4-19　抛球快接

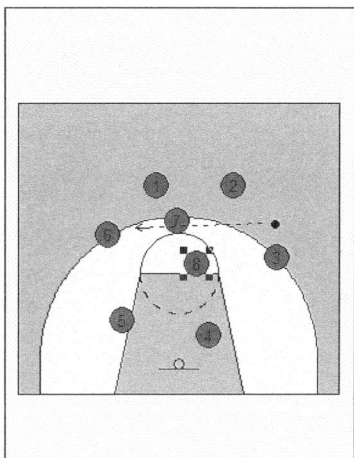

图 4-20　圆中抢球

(3) 根据学生的练习情况重复游戏。

3. 拓展延伸

(1)原地向上拨球 50 次;(2)小结本课;(3)放松练习;(4)宣布下课。

第三节　篮球技术

三年级篮球技术共 14 学时,内容包含运球中的原地运球(原地推拨球、体前左右运球)、直线运球、运球急停急起、双手胸前投篮、单手肩上投篮(男)、双手胸前投篮(女)、原地投篮、运球投篮以及防守中的各种断球方法、抢断球游戏、卡位等,详见表4-3。

表4-3　三年级篮球技术教案

序号	教学内容	教学目标
1	原地推拨球、体前左右运球	1. 学生记住、简述和初步完成原地左、右手运球动作 2. 学生完成原地左、右手运球动作,激发对篮球运动的兴趣,提高身体协调性,发展观察、灵敏和移动等素质 3. 学生不怕困难、迎难而上,并做到自律、自强,不乏个性张扬
2	原地运球比多与游戏	1. 学生通过学习,理解篮球正确的拍球动作方法 2. 学生掌握篮球的拍球动作方法,提高上下肢协调能力,发展观察、灵敏和移动等素质 3. 学生在练习中体验篮球运动的乐趣,培养学习的兴趣,建立学习的信心
3	行进间运球比稳与游戏	1. 学生通过学习,正确理解行进间运球的动作方法 2. 学生掌握篮球的拍球方法,提高上下肢协调能力,发展反应、速度、灵敏和协调等素质 3. 学生在练习中体验篮球运动的乐趣,培养起团队精神和合作意识,拓展思维,促进身心健康发展
4	计时运球	1. 学生通过学习正确理解篮球的拍球动作方法,发展基本的控制球和运球能力 2. 学生通过计时拍球练习,掌握篮球拍球的技术,提高上肢力量及协调性、灵敏性 3. 学生在练习中体验篮球运动的乐趣,培养学习的兴趣,建立学习的信心
5	直线运球	1. 使学生初步了解直线运球的技术动作和要领 2. 通过练习,提高手对球的控制能力,发展学生的协调性、速度、反应等综合素质 3. 激发学生积极参加体育运动的热情,培养其团结协作和拼搏向上的意识
6	行进间直线运球	1. 学生初步掌握行进间直线运球的技术动作和要领 2. 通过练习,提高学生的协调性、速度、反应等综合素质 3. 激发学生积极参加体育运动的热情,培养其团结协作和拼搏向上的意识
7	运球急停急起	1. 使学生初步掌握运球急停急起的技术动作和要领及对球的控制 2. 通过练习,提高学生的协调性、速度、反应等综合素质 3. 激发学生积极参加体育运动的热情,培养其团结协作和拼搏向上的意识

（续表）

序号	教学内容	教学目标
8	原地击地传接球与游戏	1. 学生通过学习了解原地击地传接球的动作方法 2. 通过教学，使学生掌握击地接球技术，发展力量、灵敏、协调等身体素质，提高篮球技能 3. 学生在练习中培养勇敢顽强的意志品质和团队精神，体验篮球运动的乐趣
9	行进间击地传接球与游戏	1. 学生通过学习了解行进间击地传接球的动作方法 2. 掌握击地传接球的技术，提高快速移动中支配球的能力，发展速度、灵敏性 3. 在练习中培养学生勇敢顽强的意志品质和团队精神
10	单手肩上投篮（男）、双手胸前投篮（女）	1. 学生了解单手肩上投篮（男）、双手胸前投篮（女）的技术动作 2. 在练习中提高学生对篮球的控制能力，发展灵敏性和自身协调性 3. 学生在互帮互学中提高动作质量，提升小组合作学习水平和评价能力
11	双手胸前投篮与游戏	1. 学生通过学习了解投篮的基本手型 2. 学生在练习中发展上肢力量，提高对篮球的控制能力和灵敏性、自身协调性 3. 激发学生积极参加体育运动的热情，培养团结协作和拼搏向上的意识
12	复习双手胸前投篮与游戏	1. 学生复习投篮的基本手型直至掌握 2. 学生通过练习发展上肢力量，提高对篮球的控制能力和灵敏性、自身协调性 3. 激发学生积极参加体育运动的热情，培养团结协作和拼搏向上的意识
13	抢断球与卡位	1. 学生复习抢断球与卡位的方法 2. 学生通过练习，提高对篮球的控制能力和灵敏性、自身协调性 3. 激发学生积极参加体育运动的热情，培养团结协作和拼搏向上的意识
14	半场比赛	1. 学生在比赛中基本掌握篮球技能，体验篮球运动的乐趣 2. 学生通过比赛，发展灵敏力与快速移动能力 3. 学生在活动中提高团结协作能力，培养竞争与合作意识

◆ 第1课时　原地推拨球、体前左右运球 ◆

1. 常规积累

(1)操场集合,检查着装,安排见习生;(2)宣布本课教学内容和学习目标;(3)慢跑热身;(4)专项拉伸;(5)球操。

2. 过程推进

(1) 熟悉球性练习。①手指左右拨球练习 10 次;②双手抛接球练习 10 次;③抛球跳起接球练习 10 次;④抛球下蹲接球练习 10 次;⑤抛球转身接球练习 10 次;⑥胯下左右绕球练习 10 次。

(2) 篮球原地前后手推拨球。①左、右手运球动作:左、右手五指自然张开,用指腹运球,掌心空出;②站位:两脚前后或左右开立,两膝微屈,重心落在两脚掌上;③篮球原地左、右手运球练习。

3. 拓展延伸

(1)过头顶、腰间拨球 50 次;(2)放松练习;(3)宣布下课。

◆ 第2课时　原地运球比多与游戏 ◆

1. 常规积累

(1)操场集合,检查着装,安排见习生;(2)宣布本课教学内容和学习目标;(3)慢跑热身;(4)专项拉伸;(5)游戏:30 秒计时运球比多。

2. 过程推进

(1) 游戏:胯下传球(见图 4－21)。游戏方法:分成 4 路纵队,每队一球,从排头开始,两腿打开,双手抱球从胯下传球,至排尾。

图 4－21　胯下传球分组练习

(2) 运球比多(见图 4－22)。①原地拍球;②尝试 30 秒、1 分钟无失误计时拍球,注意控制好球与地面反弹的高度,人行进的速度与运球时的动作要协调;③学生分成四组相隔 1 米进行拍球练习。

图 4-22　运球比多练习

3. 拓展延伸

(1)传球接力;(2)放松练习;(3)宣布下课。

第3课时　行进间运球比稳与游戏

1. 常规积累

(1)操场集合,检查着装,安排见习生;(2)宣布本课教学内容和学习目标;(3)慢跑热身;(4)专项拉伸;(5)游戏:运球抓尾巴。

2. 过程推进

(1) 游戏:胯下传球(见图 4-23)。游戏方法:分成 4 路纵队,每队一球,从排头开始,两腿打开,双手抱球从胯下传球,传至排尾。

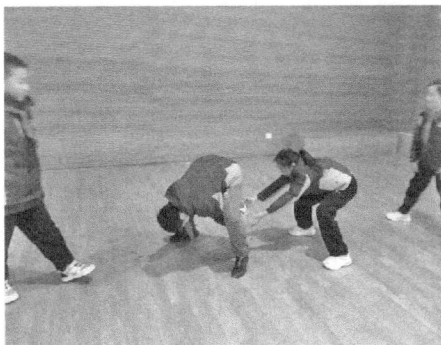

图 4-23　胯下传球

(2) 运球比稳(见图 4-24)。①复习原地运球;②练习双手行进间运球;③组织学生练习单手行进间运球比稳。

3. 拓展延伸

(1)游戏:刺激战场;(2)放松练习;(3)宣布下课。

图 4-24　运球比稳

第4课时　计时运球

1. 常规积累

(1)操场集合,检查着装,安排见习生;(2)宣布本课教学内容和学习目标;(3)慢跑热身;(4)专项拉伸;(5)游戏:一分钟运球比多。

2. 过程推进

(1) 尝试各种原地运球。

(2) 计时运球:①一分钟左手、右手计时运球;②一分钟换手运球;③一分钟高、低运球;④一分钟前后推拨球;⑤一分钟重运球。

(3) 组织学生独立完成计时运球练习,尝试计时比赛比多。

3. 拓展延伸

(1)夹球抬腿计时练习;(2)放松练习;(3)宣布下课。

第5课时　直线运球

1. 常规积累

(1)操场集合,检查着装,安排见习生;(2)宣布本课教学内容和学习目标;(3)慢跑热身;(4)专项拉伸;(5)篮球专项球操。

2. 过程推进

（1）复习直线运球。通过行进间运球的练习，做好充分热身，活跃气氛，为下一学习内容做好准备。（2）分组直线运球折返练习。（3）游戏：运球突破"封锁线"（见图4-25）。把学生分成二组，一组进攻，站在球场端线，另一组站在圆圈内防守。游戏规则：①进攻队员必须快速运到对面端线；②进攻队员不可抱球跑；③防守队员必须站在圈内防守。

3. 拓展延伸

（1）半场直线往返跑；（2）放松练习；（3）宣布下课。

图4-25　运球突破"封锁线"

◆ **第6课时　行进间直线运球** ◆

1. 常规积累

（1）操场集合，检查着装，安排见习生；（2）宣布本课教学内容和学习目标；（3）慢跑热身；（4）专项拉伸；（5）篮球专项球操。

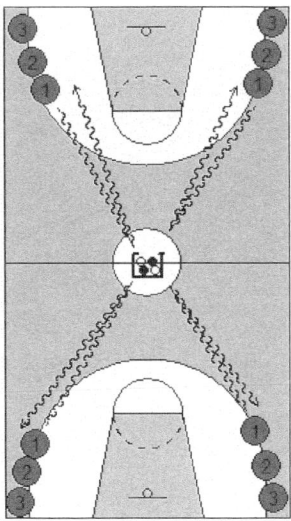

图4-26　运球取物

2. 过程推进

（1）复习直线运球。通过直线运球，做好充分热身，活跃气氛，为下一学习内容做好准备。

（2）半场分组行进间直线运球折返练习。

（3）游戏：运球取物（见图4-26）。游戏方法：学生四路纵队分别站在篮球场四个角，教师发令后，每组同学运球到中圈来回取物。游戏规则：①每人每次只能取一个；②把取回来的物品放好后，下一位同学才能出发。

3. 拓展延伸

（1）原地高低运球各30次；（2）放松练习；（3）宣布下课。

第7课时　运球急停急起

图 4-27　障碍运球急停急起

1. 常规积累

（1）操场集合，检查着装，安排见习生；（2）宣布本课教学内容和学习目标；（3）慢跑热身；（4）专项拉伸；（5）游戏：斗牛。

2. 过程推进

（1）复习行进间运球；（2）学习运球急停急起；（3）障碍运球急停急起（见图 4-27）。

3. 拓展延伸

（1）重复运球 50 次；（2）放松练习；（3）宣布下课。

第8课时　原地击地传接球与游戏

1. 常规积累

（1）操场集合，检查着装，安排见习生；（2）宣布本课教学内容和学习目标；（3）慢跑热身；（4）专项拉伸；（5）游戏：手递手抛接球。

2. 过程推进

（1）复习双手胸前传接球（见图 4-28）。①教师示范并讲解双手胸前传接球的动作要领；②教师组织学生进行练习，不断加大距离。

（2）双手原地击地传球（见图 4-29）。①移动中击地传接球；②无球练习。

（3）成果检验。

图 4-28　双手胸前传接球

3. 拓展延伸

（1）单人原地双手击地运球 50 次；（2）放松练习；（3）宣布下课。

图 4-29　双手原地击地传球

◆ **第9课时　行进间击地传接球与游戏** ◆

1. 常规积累

（1）操场集合，检查着装，安排见习生；（2）宣布本课教学内容和学习目标；（3）慢跑热身；（4）专项拉伸；（5）游戏：行进间手递手传接球。

2. 过程推进

（1）复习原地双手击地传接球（见图 4-30）。①教师讲解并纠正双手击地传接球的动作要领；②教师组织学生进行练习。

（2）行进间双手原地击地传球（见图 4-31）。

图 4-30　原地双手击地传接球

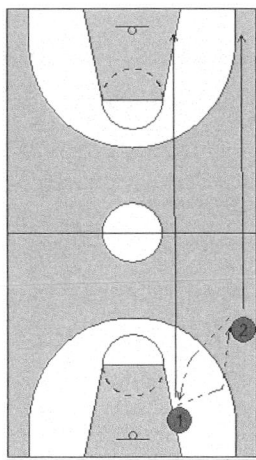

图 4-31　行进间双手击地传接球

(3)学生展示。

3. 拓展延伸

(1)单人原地立卧撑 30 次;(2)放松练习;(3)宣布下课。

第10课时　单手肩上投篮(男)、双手胸前投篮(女)

1. 常规积累

(1)操场集合,检查着装,安排见习生;(2)宣布本课教学内容和学习目标;(3)慢跑热身;(4)专项拉伸;(5)游戏:刺激战场。

2. 过程推进

(1) 复习双手胸前传接球。

(2) 复习单手肩上投篮动作要领。

(3) 行进间投篮比赛。游戏方法:将学生分为人数相等的 4 组,每组以半个篮球场为场地,从排头开始依次投篮,每人一次,直到最后一名同学投完。裁判统计每组投进的总数,投进数多的小组获胜。

3. 拓展延伸

(1)原地向上投篮 30 次;(2)放松练习;(3)宣布下课。

第11课时　双手胸前投篮与游戏

1. 常规积累

(1) 操场集合,检查着装,安排见习生。

(2) 宣布本课教学内容和教学习目标。

(3) 慢跑热身。①专项拉伸。②游戏:传球断球。

2. 过程推进

(1) 熟悉球性练习:①行进间手指左右拨球练习 4 次;②行进间双手抛接球练习 4 次;③行进间抛球跳起接球练习 4 次;④行进间抛球下蹲接球练习 4 次。

(2) 复习双手胸前投篮基本技术(见图 4 - 32)。①复习双手胸前投篮的动作要领;②教师组织学生进行练习;③教师巡回指导,对错误动作进行纠正;④教师请动作标准的同学进行展示。

(3) 5 米投篮进圈比赛(见图 4 - 33)。游戏方法:学生双脚前后开立,间隔

5米,双手持球于胸腹之间,两肘自然弯曲于体侧,身体成基本站立姿势,眼平视传球目标。传球时后脚蹬地发力,身体重心前移,手指发力将球投进同伴的呼啦圈内,拿呼啦圈的学生双手伸直,双手拳心对拳心,上下相握。

图 4-32　双手胸前投篮

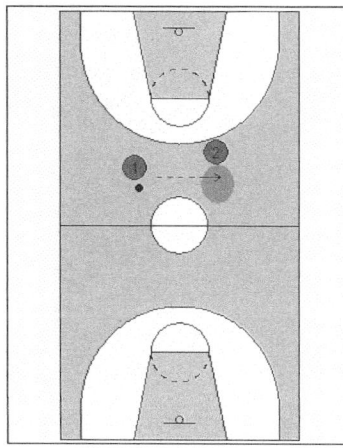

图 4-33　投篮进圈比赛

3. 拓展延伸

(1)对墙传球 30 次;(2)放松练习;(3)宣布下课。

◆ 第12课时　复习双手胸前投篮与游戏 ◆

1. 常规积累

(1)操场集合,检查着装,安排见习生。

(2)宣布本课教学内容和学习目标。

(3)慢跑热身;①专项拉伸;②游戏:传球断球。

2. 过程推进

(1)熟悉球性练习:①行进间手指左右拨球练习;②行进间双手抛接球练习;③行进间抛球跳起接球练习;④行进间抛球下蹲接球练习。

(2)复习双手胸前投篮基本技术(见图 4-34)。①教师讲解并示范双手胸前投篮的动作要领;②投篮口诀:两脚前后微屈膝、双手持球于胸前、蹬伸扣拨快出手;③教师组织学生进行练习;④教师巡回指导,对错误动作进行纠正;⑤教师请动作标准的同学进行展示。

图 4-34　双手胸前投篮

(3) 三人一组提高投篮弧度练习。

3. 拓展延伸

(1)对墙传球 30 次;(2)放松练习;(3)宣布下课。

第 13 课时　抢断球与卡位

1. 常规积累

(1)操场集合,检查着装,安排见习生;(2)宣布本课教学内容和学习目标;(3)慢跑热身;(4)专项拉伸。

2. 过程推进

(1) 篮球抢断技术。①各种步伐练习跑;②观看 NBA 断球录像,思考抢断时机;③利用挂图讲解抢球、断球技术;④抢球、断球技术练习。

(2) 卡位:①观看 NBA 断球录像,观看卡位动作;②各种位置卡位示范;③利用挂图讲解卡位技术;④卡位练习。

3. 拓展延伸

(1)游戏:突出重围;(2)放松练习;(3)宣布下课。

◆ **第 14 课时 半场比赛** ◆

1. 常规积累

(1)操场集合,检查着装,安排见习生;(2)宣布本课教学内容和学习目标;(3)慢跑热身;(4)专项拉伸。

2. 过程推进

(1)复习篮球的基本技术。①各种形式的拍球;②原地传接球;③投篮。

(2)教学比赛。根据学生能力、男女生的特点分组,介入篮球规则,5 人一组进行半场篮球对抗赛。

3. 拓展延伸

(1)15 米×7 折返跑 2 组;(2)放松练习;(3)宣布下课。

第四节 篮球体能

三年级篮球体能篇共 6 学时,内容包含弹跳类(蛙跳、跳台阶)、综合跑类(半场往返跑、四分之三场地跑)、力量类(腰腹肌力量、手臂力量)等,详见表 4 - 4。

表 4 - 4 三年级篮球体能教案

序号	教学内容	教学目标
1	弹跳类:蛙跳	1. 通过蛙跳练习,提高学生的速度、力量、耐力、爆发力等 2. 学生主动参与训练与游戏,在训练中慢慢提高技能与能力 3. 学生在自主练习与游戏中学会合作与评价,体验篮球运动带来的乐趣与成功的喜悦
2	弹跳类:跳台阶	1. 通过跳台阶等体能训练,发展弹跳素质,提高上肢的协调和平衡能力,锻炼和提高下肢的爆发力 2. 学生主动参与训练与游戏,在训练中慢慢提高技能与能力 3. 学生在自主练习与游戏中学会合作与评价,体验篮球运动带来的乐趣与成功的喜悦
3	综合跑类:四分之三场地跑、三	1. 通过四分之三场地跑、三角跑等体能训练,提高腰腹力量和身体的平衡能力,发展学生的奔跑能力 2. 学生主动参与训练与游戏,在训练中慢慢提高技能与能力

（续表）

序号	教学内容	教 学 目 标
	角跑	3. 学生在自主练习与游戏中学会合作与评价,体验篮球运动带来的乐趣与成功的喜悦
4	综合跑类:半场跑、三角跑	1. 通过半场跑、三角跑等体能训练,发展腰腹力量和平衡能力,提高学生的奔跑能力和身体的灵敏性 2. 学生主动参与训练与游戏,在训练中慢慢提高技能与能力 3. 培养学生积极进取、不怕困难的优良品质和团队精神,使之体验篮球运动带来的乐趣与成功的喜悦
5	力量类(腰腹肌力量):双人举腿	1. 学生通过学习并脚举腿的动作方法,提升腰腹肌力量 2. 学生通过练习,发展力量、灵敏、协调能力 3. 学生在不断尝试中掌握技巧,学会配合,鼓励同伴,共同进步
6	力量类(手臂力量):平板支撑	1. 借助各种爬行动作、器械等锻炼学生的手臂力量,进行上肢力量训练 2. 学生通过练习,增强手臂、下肢等身体力量和灵敏协调等身体素质 3. 培养学生团体协作精神和勇于挑战、知难而上的品质,使之体验运动的乐趣与成功的喜悦

第1课时 蛙跳

1. 常规积累

（1）操场集合,检查着装,安排见习生;（2）师生问好;（3）宣布本课教学内容和学习目标;（4）强调安全问题;（5）专项拉伸。

图4-35 蛙跳比赛

2. 过程推进

（1）弹跳类:原地蛙跳跳远比赛（见图4-35）。①教师示范蛙跳姿势,强调双脚起跳双脚落地,并加上手臂;②学生绕篮球场半场自由练习2分钟;③组织学生同一起跳线连续跳跃十次,跳得最远的同学掌声鼓励（三组）。

（2）游戏:相反肢体训练。①组

织学生围成一个圈,教师站在圈中间发布口令;②口令:向左转—向右转,蹲下—起立,向前跳—向后跳,立正—跨立。

3. 拓展延伸

(1)一分钟平板支撑;(2)放松练习;(3)宣布下课。

◆ 第2课时 跳台阶 ◆

1. 常规积累

(1)操场集合,检查着装,安排见习生;(2)师生问好;(3)宣布本课教学内容和学习目标;(4)强调安全问题;(5)专项拉伸。

2. 过程推进

(1) 弹跳类:跳台阶(见图 4 - 36)。①教师示范台阶跳的姿势动作,强调呼吸与动作的配合;②单脚、双脚跳台阶,教师巡回纠错;③组织学生一分钟台阶跳;④重复三组。

(2) 复习游戏:相反肢体训练。组织学生围成一个圈,教师站在圈中间发布口令,学生听口令做相反动作,教师不断加快口令速度:向左

图 4 - 36 室内跳台阶练习

转→向右转,蹲下→起立,向前跳→向后跳,立正→跨立。

3. 拓展延伸

(1)一分钟平板支撑;(2)放松练习;(3)宣布下课。

◆ 第3课时 四分之三场地跑、三角跑 ◆

1. 常规积累

(1)操场集合,检查着装,安排见习生;(2)师生问好;(3)宣布本课教学内容和学习目标;(4)强调安全问题;(5)专项拉伸。

2. 过程推进

(1) 综合跑类:四分之三场地跑。①介绍四分之三场地跑的规则与方法;

图 4-37 三角跑

②组织学生进行四分之三场地跑练习,看谁用时最少。

(2)综合跑类:三角跑(见图4-37)。①游戏方法:所有学生分成三路纵队,站在等边三角形的顶点,当哨声响起时每组的第一位同学向各队左手边队伍的队尾跑去。当第一名队员到达队尾时,下一位排头出发,以次类推。②计时比赛,评价。

3. 拓展延伸

(1)立卧撑30个;(2)放松练习;(3)宣布下课。

第4课时 半场跑、三角跑

1. 常规积累

(1)操场集合,检查着装,安排见习生;(2)师生问好;(3)宣布本课教学内容和学习目标;(4)强调安全问题;(5)专项拉伸。

2. 过程推进

(1)综合跑类:半场跑(见图4-38)。①教师讲解半场跑的路线及规则;②学生听信号进行练习;③以小组为单位,进行分组接力练习。

(2)综合跑类:复习三角跑。组织学生站在底线,教师站在圈中间发布口令。注意对角线加速,边线慢跑。

图 4-38 半场跑

3. 拓展延伸

(1)立卧撑30个;(2)放松练习;(3)宣布下课。

◆ 第5课时 双人举腿 ◆

1. 常规积累

(1)操场集合,检查着装,安排见习生;(2)师生问好;(3)宣布本课教学内容和学习目标;(4)强调安全问题;(5)专项拉伸。

2. 过程推进

游戏:双人举腿。游戏方法:仰卧,两腿并拢,两手拉住同伴脚踝,利用腹肌收缩,两臂向上摆动举腿,每组做 15 个,做完轮换。学生一人抓脚腕一人手撑地,向前爬行。

3. 拓展延伸

(1)举腿 30 秒;(2)放松练习;(3)宣布下课。

◆ 第6课时 平板支撑 ◆

1. 常规积累

(1)操场集合,检查着装,安排见习生;(2)师生问好;(3)宣布本课教学内容和学习目标;(4)强调安全问题;(5)专项拉伸。

2. 过程推进

(1) 游戏:复习双人举腿。组织学生进行双人举腿游戏,教师站在圈中间发布口令。注意动作要标准,不能弯曲。

(2) 游戏:直臂平板支撑。游戏规则:学生站在白线后,教师吹哨子发令,学生及时做出相应的动作。

3. 拓展延伸

(1)单脚支撑练习;(2)放松练习;(3)宣布下课。

第五章 四年级教学设计

四年级教学设计共分为篮球理论、篮球体验、篮球技术、篮球体能四大模块。

第一节 篮球理论

本节主要对篮球场上的犯规手势、篮球在中国的发展以及拉伤、扭伤等损伤后处理进行讲解，促进学生认知，共4学时，详见表5-1。

表5-1 四年级篮球理论教案

序号	教学内容	教学目标
1	篮球比赛中裁判员出示的犯规手势	1. 学生通过教师的讲解和示范，看懂篮球比赛中的犯规手势 2. 学习篮球比赛规则和手势，并运用到篮球比赛中，减少失误 3. 详细了解篮球比赛规则，充分体验篮球运动带来的乐趣与成功的喜悦
2	篮球运动在中国的发展	1. 通过课堂理论知识学习，深入了解篮球运动在中国的发展 2. 学生体验篮球运动带来的乐趣与成功的喜悦，提升对篮球运动的兴趣 3. 了解中国篮球运动发展历程，激发爱国热情，并做到自律、自强，不乏个性张扬
3	常见运动损伤后的恢复方法之手指戳伤、拉伤	1. 了解篮球运动中发生戳伤、拉伤等损伤的原因及预防运动损伤的主要措施 2. 基本掌握常见运动损伤的处理方法 3. 了解篮球运动中存在的意外伤病，培养不怕困难、迎难而上的精神，增强保护身体的意识和责任感

(续表)

序号	教学内容	教 学 目 标
4	常见运动损伤后的恢复方法之脚、膝盖扭伤	1. 了解在篮球运动中形成运动损伤的原因 2. 掌握几种简单的运动损伤的处理方法 3. 认识篮球运动中预防运动损伤的重要性,培养不怕困难、迎难而上的精神,增强保护身体的意识和责任感

第1课时 篮球比赛中裁判员出示的犯规手势

1. 常规积累

(1)集合整队;(2)师生问好;(3)宣布本课教学内容和学习目标。

2. 篮球裁判员的手势介绍

(1)讲解犯规的定义;(2)讲解犯规的类型;(3)示范篮球比赛过程中裁判员出示的各种犯规手势;(4)讲解犯规后的判罚;(5)分组练习。

3. 拓展延伸

(1)教师示范篮球比赛过程中裁判员出示的各种犯规手势,讲解犯规后的判罚;(2)小结本课。

第2课时 篮球运动在中国的发展

1. 常规积累

(1)集合整队;(2)师生问好;(3)宣布本课教学内容和学习目标。

2. 过程推进

(1)篮球运动在中国的发展历程;(2)中国男女篮球队在国际赛场上取得的成就。

3. 拓展延伸

(1)教师组织学生集体或分组讨论,对篮球的发展进行深入探索,思考总结;(2)小结本课。

◆ **第3课时　常见运动损伤后的恢复方法之手指戳伤、拉伤** ◆

1. 常规积累

(1)集合整队;(2)师生问好;(3)宣布本课教学内容和学习目标。

2. 过程推进

篮球运动损伤与处理,包括:①如何判断手指戳伤、拉伤及常见症状表现;②手指戳伤、拉伤的原因分析;③手指戳伤、拉伤的紧急应对措施;④如何避免手指戳伤、拉伤。

3. 拓展延伸

(1)教师组织学生集体讨论篮球运动中发生戳伤、拉伤等运动损伤的原因,总结掌握处理方法;(2)小结本课。

◆ **第4课时　常见运动损伤后的恢复方法之脚、膝盖扭伤** ◆

1. 常规积累

(1)集合整队;(2)师生问好;(3)宣布本课教学内容和学习目标。

2. 过程推进

篮球运动损伤与处理:①如何判断脚、膝盖扭伤及常见症状表现;②脚、膝盖扭伤的原因分析;③脚、膝盖扭伤的处理办法。

3. 拓展延伸

(1)教师组织学生集体或分组讨论脚、膝盖扭伤的原因及预防方法,并进行总结;(2)小结本课。

第二节　篮球体验

篮球体验主要为游戏类活动,共8学时,在正式接触技术学习前进行游戏体验,主要内容包括速度竞赛游戏(四线往返跑、触线往返跑)、无球合作游戏(三角跑、往返"毛毛虫")、单人有球游戏(头-腰-膝绕球比多、跳绕比多)、多人有球合作游戏(四角跑动传接球、体前变向换手运球接力),详见表5-2。

表5-2 四年级篮球体验教案

序号	教学内容	教学目标
1	速度竞赛游戏:四线往返跑	1. 学生通过折返跑比赛,提高反应、奔跑速度,动作的敏捷性和快速起动能力 2. 在自主练习中学会合作与评价,体验篮球运动带来的乐趣与成功的喜悦 3. 培养不怕困难、迎难而上的精神,并做到自律、自强
2	速度竞赛游戏:触线往返跑	1. 学生通过触线往返比赛,提升反应、奔跑速度,动作的敏捷性和快速起动能力 2. 在自主练习中学会合作与评价,体验篮球运动带来的乐趣与成功的喜悦 3. 培养不怕困难、迎难而上的精神,并做到自律、自强
3	无球合作游戏:三角跑	1. 学生通过合作游戏,提高反应、奔跑速度,动作的敏捷性和快速起动及团队协作能力 2. 在自主练习中学会合作与评价,体验篮球运动带来的乐趣与成功的喜悦 3. 培养学生不怕困难、迎难而上的精神,并做到自律、自强
4	无球合作游戏:往返"毛毛虫"	1. 学生通过合作游戏,提高反应、奔跑速度,动作的敏捷性和快速起动及团队协作能力 2. 在自主练习中学会合作与评价,体验篮球运动带来的乐趣与成功喜悦 3. 培养不怕困难、迎难而上的精神,并做到自律、自强
5	单人有球游戏:头-腰-膝绕球比多	1. 学生通过"头-腰-膝绕球比多"游戏,提升球感,发展运球、传球等能力 2. 在自主练习中学会合作与评价,体验篮球运动带来的乐趣与成功的喜悦 3. 培养不怕困难、迎难而上的精神,并做到自律、自强
6	单人有球游戏:跳绕比多	1. 学生通过单人有球合作游戏,提升球感,发展运球、传球等能力 2. 在自主练习中学会合作与评价,体验篮球运动带来的乐趣与成功的喜悦 3. 培养不怕困难、迎难而上的精神,并做到自律、自强
7	多人有球合作游戏:四角跑动传接球	1. 学生通过"四角跑动传接球"合作游戏,提升球感,发展运球、传球等篮球能力 2. 在自主练习中学会合作与评价,体验篮球运动带来的乐趣与成功的喜悦 3. 培养不怕困难、迎难而上的精神,并做到自律、自强
8	多人有球合作游戏:体前变向换手运球接力	1. 学生通过"体前变向换手运球接力"等合作游戏,提升球感,发展运球、传球等能力 2. 在自主练习中学会合作与评价,体验篮球运动带来的乐趣与成功的喜悦 3. 培养不怕困难、迎难而上的精神,并做到自律、自强

第1课时　四线往返跑

1. 常规积累

（1）篮球馆集合，检查着装，接受体委报告；（2）宣布本课教学内容和学习目标；（3）慢跑热身；（4）专项拉伸；（5）热身小游戏。

2. 过程推进

四线往返跑。①游戏方法如图5-1所示，把学生分为人数相等的6队。游戏开始后，6队排头立即起动，快跑到罚球线急停—转身—跑回原端线—急停—转身—快跑到中线—急停—转身—快跑返回原端线，并与同伴击掌。接着，该队第二人按同样路线快跑，先完成的队获胜。②教师宣布游戏结果，对活动效果进行评价，并对完成较好的一组进行表扬。③教师组织学生反复练习。

3. 拓展延伸

（1）高抬腿30个一组，完成2组；（2）小结本课。

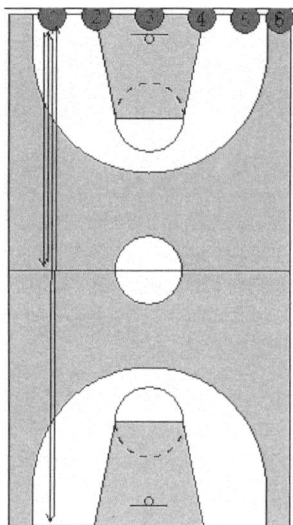

图5-1　四线往返跑路线

第2课时　触线往返游戏

1. 常规积累

（1）篮球馆集合，检查着装，接受体委报告；（2）宣布本课教学内容和学习目标；（3）慢跑热身；（4）专项拉伸；（5）热身游戏。

2. 过程推进

触线往返。①游戏方法：组织学生进行触线往返跑游戏，快跑到罚球线急停单手触线—转身—跑回原端线单手触线—急停单手触线—转身—快跑到中线单手触线—急停—转身—快跑返回原端线并与同伴击掌。②教师组织学生进行游戏（见图5-2）。③教师宣布游戏结果，对活动进行评价。

图 5-2 触线往返游戏

3. 拓展延伸

(1)立卧撑 40 个;(2)小结本课;(3)师生再见;(4)归还器材。

◆ **第3课时 三角跑游戏** ◆

1. 常规积累

(1)篮球馆集合,检查着装,接受体委报告;(2)宣布本课教学内容和学习目标;(3)慢跑热身;(4)专项拉伸;(5)热身游戏。

2. 过程推进

三角跑。①游戏方法:把学生分为人数相等的 4 队,游戏开始后,4 队排头立即起动,围着篮球场圈出的三角形进行三角跑,每组需要一人跑完与下一位同学击掌后再出发,最先到的一组获

图 5-3 三角跑游戏

胜。②教师组织学生进行游戏(见图 5-3)。③教师宣布游戏结果,并加以评价。

3. 拓展延伸

(1)仰卧起坐 30 个一组,完成 2 组;(2)小结本课;(3)师生再见;(4)归还器材。

第4课时　往返"毛毛虫"

1. 常规积累

（1）篮球馆集合，检查着装，接受体委报告；（2）宣布本课教学内容和学习目标；（3）慢跑热身；（4）专项拉伸；（5）热身游戏。

2. 过程推进

往返"毛毛虫"。①教师讲解游戏方法，组织学生进行往返"毛毛虫"游戏，要求学生遵守游戏规则。学生双手着地爬向中线，当手触线时转身爬回起点，与第二位同学击掌后第二位同学出发，如此反复。②教师组织学生进行游戏（见图5-4）。③教师宣布游戏结果，并对活动进行评价。

图5-4　往返"毛毛虫"

3. 拓展延伸

（1）举腿30秒每组，完成2组；（2）小结本课；（3）师生再见；（4）归还器材。

第5课时　头-腰-膝绕球比多

1. 常规积累

（1）篮球馆集合，检查着装，接受体委报告；（2）宣布本课教学内容和学习目标；（3）慢跑热身；（4）专项拉伸；（5）热身游戏：喊数抱团。

2. 过程推进

头-腰-膝绕球比多游戏如图5-5所示。①游戏方法:前后2人为一组,在规定时间内,两人互相将球从头部转到腰再到膝盖进行绕球比多练习,最后看相同时间内哪位同学绕得多。②组织学生尝试其他部位的绕球练习。③教师宣布游戏结果,并对活动进行评价。

3. 拓展延伸

(1)举腿30秒每组,完成2组;(2)小结本课;(3)师生再见;(4)归还器材。

图5-5　头-腰-膝绕球比多

第6课时　跳绕比多游戏

1. 常规积累

(1)篮球馆集合,检查着装,接受体委报告;(2)宣布本课教学内容和学习目标;(3)慢跑热身;(4)专项拉伸;(5)热身游戏:喊数抱团。

2. 过程推进

跳绕比多游戏如图5-6所示。①游戏方法:组织学生进行跳绕比多练习,要求学生遵守游戏规则,注意高抬腿的同时将球绕过大腿,在相同时间内比多。②组织学生尝试其他部位的绕球练习。③教师宣布游戏结果,并对活动进行评价。

3. 拓展延伸

(1)直臂支撑30秒每组,完成2组;(2)小结本课;(3)师生再见;(4)归还器材。

图5-6　跳绕比多游戏

第7课时 四角跑动传接球游戏

1. 常规积累

（1）篮球馆集合,检查着装,接受体委报告;（2）宣布本课教学内容和学习目标;（3）慢跑热身;（4）专项拉伸;（5）热身游戏:喊数抱团。

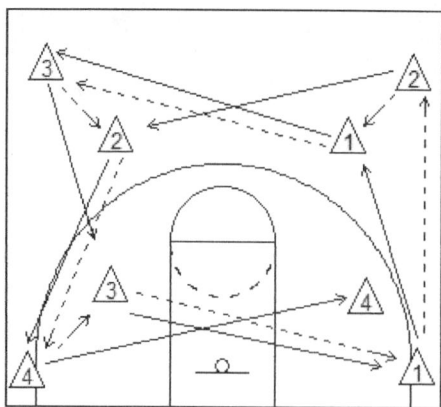

图5-7 四角跑动传接球游戏

2. 过程推进

四角跑动传球游戏如图5-7所示。①游戏方法:每组同学成四角站位。练习时,1号传球给2号,并沿弧线奔跑向2号接回传球并传给3号,然后跑到3号的队尾。当1号传给3号的同时,2号紧跟着快速沿弧线奔跑切向3号,并接回3号的传球再把球传给4号,然后跑到4号的队尾,如此连续进行⋯⋯②教师组织学生进行游戏。③教师宣布游戏结果,并加以评价。

3. 拓展延伸

（1）直臂支撑30秒每组,完成两组;（2）小结本课;（3）师生再见;（4）归还器材。

第8课时 体前变向换手运球接力游戏

1. 常规积累

（1）篮球馆集合,检查着装,接受体委报告;（2）宣布本课教学内容和学习目标;（3）慢跑热身;（4）专项拉伸;（5）热身游戏:喊数抱团。

2. 过程推进

（1）体前变向换手运球接力。

① 游戏方法:运球队员欲从防守队员右侧突破时,先用右手运球,吸引防守队员重心向左移动。这时运球队员突然用右手按拍球的右侧上方,并向左侧

方向运球,同时右脚向左前方跨步,上体左转侧肩,以臂、腿、上体保护好球,接着迅速换左手按拍球的后上方,从防守队员右侧运球突破。

② 教师组织学生进行游戏。

③ 教师宣布游戏结果,并加以评价。

3. 拓展延伸

(1)直臂支撑 30 秒每组,完成 2 组;(2)小结本课;(3)师生再见;(4)归还器材。

第三节 篮球技术

四年级篮球技术教学共 14 学时,内容包含原地运球(原地换手运球、胯下运球)、障碍运球、带防守的急起急停、投篮、防守等,详见表 5 - 3。

表 5 - 3 四年级篮球技术教案

序号	教学内容	教 学 目 标
1	观看篮球教学视频	1. 学生通过观看篮球视频,学习打篮球的技巧和方法 2. 学生通过观看篮球比赛,感受篮球的魅力,提高对篮球运动的认知水平 3. 学生在观看篮球视频的过程中感受顽强拼搏的精神和团队合作的意识
2	原地运球	1. 学生通过篮球原地运球五指分开、掌心空出的手型和动作,体验运球时上下肢协调用力的感觉 2. 学生通过双脚贴地跳、球上俯卧支撑,发展上下肢力量与平衡能力 3. 学生在不断尝试中掌握原地运球的动作技巧。在合作运球中,形成顽强拼搏的精神和团结合作的意识,学会在游戏中讲诚信、守规则
3	行进间运球	1. 学生通过篮球行进间运球,体验运球时正确的触球部位 2. 学生通过双脚贴地跳、球上俯卧支撑,进一步发展上下肢力量与平衡能力 3. 学生在不断尝试中掌握行进间运球的动作方法。在合作运球中,形成顽强拼搏的精神和团结合作的意识
4	障碍运球	1. 学生通过学习运球过障碍动作,使运球步伐协调、有节奏,并表现出较好的控球能力 2. 通过练习,发展学生的速度、协调、灵敏等身体素质 3. 学生在不断尝试中掌握运球过障碍的动作技巧,培养自尊与自信以及与同伴友好相处的团队协作精神

序号	教学内容	教学目标
5	运球急停急起	1. 学生通过学习,了解和掌握篮球运球急停急起跳起的动作技巧 2. 学生通过学习,培养参与篮球运动的兴趣,体验篮球运动带来的乐趣 3. 学生通过游戏,培养探究学习和团结协作的能力,体验成功带来的愉悦和自豪感
6	双手胸前传接球	1. 学生通过学习,掌握篮球双手胸前传接球的技术原理及其在篮球运动中的作用 2. 学生通过学习,结合运球、移动、跑动和双手胸前传接球等各种技术进行综合练习,提高身体素质及协调性 3. 学生通过练习,培养对篮球运动的热爱以及安全防范意识
7	双手击地传接球	1. 学生学会双手击地传接球的动作方法,掌握正确的传接球手型、触球位置及接球前伸、持球后引的用力顺序 2. 学生通过学习,培养对篮球运动的兴趣,提高运动参与意识,提高控制球的能力,发展灵敏素质 3. 学生通过练习,培养勇敢顽强、勇于挑战的意志品质和团结互助的集体主义精神
8	行进间双手胸前传接球	1. 学生学习与了解篮球行进间双手胸前传接球的技术原理及其在篮球运动中的作用 2. 培养学生结合运球、移动、跑动和双手胸前传接球等各种技术进行综合练习,发展学生的身体素质及协调性 3. 培养学生勇敢顽强、勇于挑战的意志品质和团结互助的集体主义精神
9	原地单手肩上投篮	1. 学生通过学习,掌握原地单手肩上投篮的动作要领 2. 学生通过练习,掌握原地单手肩上投篮的动作技术,提高上下肢的协调性和判断力 3. 通过篮球活动和小游戏,激发学生对篮球运动的兴趣,发展学生的灵敏性、协调性等身体素质
10	规定距离投篮	1. 学生通过原地投篮、变换距离投篮等的练习提高投篮技术 2. 学生通过学习,基本掌握正确的投篮动作,发展灵敏性、协调性及快速反应能力 3. 学生在不断尝试中初步掌握投篮技巧,并表现出顽强拼搏和团结合作的精神
11	不同距离投篮	1. 学生通过不同距离的投篮练习,学习提高投篮准度的技巧方法 2. 学生通过学习,基本掌握正确的投篮动作,发展灵敏性、协调性及快速反应能力 3. 学生在不断尝试中初步掌握投篮技巧,并树立顽强拼搏和团结合作的精神

(续表)

序号	教学内容	教学目标
12	三步上篮	1. 学生通过原地传接球、两人直线传接球上篮等练习,学习快速上篮的技巧方法 2. 学生通过练习,快速掌握三步上篮的技巧,并以最少失误完成动作 3. 学生在不断尝试中掌握三步上篮的动作,并树立顽强拼搏和团结合作的精神
13	三人快攻传球	1. 学生通过原地传接球、三人直线传接球上篮等的练习学习快速传接球的技巧方法 2. 学生通过练习,在三人传接球练习中互相配合,以最少失误完成动作 3. 学生在不断尝试中基本掌握传接球上篮的动作,并树立顽强拼搏和团结合作的精神
14	半场卡位技术	1. 学生通过半场演练学习卡位技巧 2. 学生通过练习,在有卡位战术的练习中掌握挡拆的使用技巧 3. 学生在不断尝试中基本掌握卡位的技巧,学会配合,与同伴共同进步

◆ 第1课时 观看篮球教学视频 ◆

1. 常规积累

(1)操场集合,检查着装,安排见习生;(2)宣布本课教学内容和学习目标;(3)慢跑热身;(4)专项拉伸;(5)球操。

2. 过程推进

(1)教师组织学生观看篮球视频;(2)引导学生学习篮球比赛中的技术运用;(3)引导学生感受团队协作的重要性。

3. 拓展延伸

(1)教师组织学生集体汇总练习中出现的问题,共同讨论解决方案;(2)放松练习;(3)宣布下课。

◆ 第2课时 原地运球 ◆

1. 常规积累

(1)操场集合,检查着装,安排见习生;(2)宣布本课教学内容和学习目标;

(3)慢跑热身;(4)专项拉伸;(5)游戏:体验各种姿势的运球。

2. 过程推进

(1) 原地运球。①动作要领:两腿弯曲,上体稍前倾,抬头,眼看前方或侧方;五指自然分开,手心空出,用手指和指跟部位控制球;肘关节自然弯曲,以肘关节为轴,上下摆动。②在指定的数个小场地内运球5~10次。③两人一组站在圆圈内,运球的同时保护好自己的球,同时想办法捅掉对方的球。④练习结束,教师对练习内容的完成效果进行评价并纠错,同时请学校篮球队中完成较好的同学进行展示。

(2) 游戏:喊数抱团。①教师讲解并示范游戏规则和方法。②将学生分成男女两组,分别安排在篮球场的两个半场内,然后学生沿圆圈慢跑前进,教师在两队人旁喊出一个数字,学生听到数字后立即与邻近的同学按教师所喊的数字人数抱成一团。③教师请学生合作示范并纠错。④教师发出比赛开始的信号。

3. 拓展延伸

(1)传球接力;(2)放松练习;(3)宣布下课。

第3课时　行进间运球

1. 常规积累

(1)操场集合,检查着装,安排见习生;(2)宣布本课教学内容和学习目标;(3)慢跑热身;(4)专项拉伸;(5)游戏:体验各种姿势的运球。

2. 过程推进

(1) 复习原地运球。动作要领:两腿弯曲,上体稍前倾,抬头,眼看前方或侧方;五指自然分开,手心空出,用手指和指跟部位控制球;肘关节自然弯曲,以肘关节为轴,上下摆动。

(2) 行进间直线运球。①学生围绕球托,慢走体会行进间运球;②教师引导学生体会、总结行进间运球和原地运球时对应的不同触球部位;③通过对比展示、观看展板,总结手触球部位对行进间运球的影响;④学生自主练习,强调运球时手的触球部位;⑤集体练习,运球找颜色,增加运球的趣味性;⑥运球往返跑,引导学生总结球的落点对运球效果的影响;⑦运球接力跑,强调球的落点和运球的高度要适当。

(3) 行进间曲线运球。①尝试单人绕球托运球;②曲线慢走围绕球托运球;③曲线慢跑绕标志物运球。

3. 拓展延伸

(1)游戏:绕桩运球接力;(2)放松练习;(3)宣布下课。

◆ **第4课时　障碍运球** ◆

1. 常规积累

(1)操场集合,检查着装,安排见习生;(2)宣布本课教学内容和学习目标;
(3)慢跑热身;(4)专项拉伸;(5)游戏:一分钟运球比多。

2. 过程推进

(1) 复习原地运球。①复习上节
课内容,跟随教师徒手练习,体验运
球时掌心空出,五指自然分开,手指
控球;②在教师的引导下体验持球的
原地运球练习。

(2) 障碍运球(见图5-8)。①教
师讲解并示范障碍运球的动作技巧
和要领,特别要注意手与球的接触
面。动作要领:抬头,目视前方,上体
前倾,以肘关节为轴,用手按拍球的

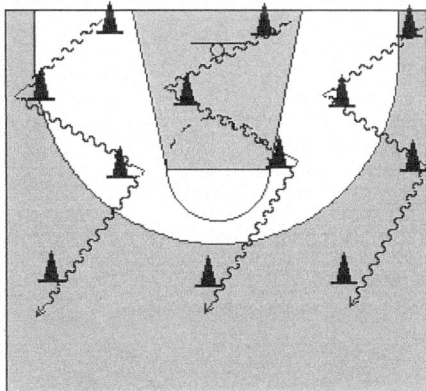

图5-8　障碍运球

后侧上方,球的落点在身体侧前方,球的反弹高度在腰、胸之间,一般拍一次球
跑两步。②教师强调纪律,听到哨声立即停止运球。③轮到的学生练习障碍运
球,没有轮到的学生进行原地运球练习。

(3) 转身360度运球过障碍。①动作方法:以右手为例,中轴脚不能动,左
臂膀贴住对方身体,右手在球起来的过程中,依靠手腕的力量向下控制住球(否
则会翻腕或掉球),向后转身,转到一半的时候准备放球,这时控球手是左手,右
手辅球,避免被抢。

(4) 组织学生进行障碍运球练习。

3. 拓展延伸

(1)障碍运球赛;(2)放松练习;(3)宣布下课。

◆ 第5课时　运球急停急起 ◆

1. 常规积累

(1)操场集合,检查着装,安排见习生;(2)宣布本课教学内容和学习目标;(3)慢跑热身;(4)专项拉伸;(5)篮球专项球操;(6)游戏:抢车位。

2. 过程推进

(1) 运球急停急起。①组织学生运球,讲解运球急停急起的技术动作与时机,边讲解徒手动作边示范,并请学生配合示范,模仿动作练习;②分析动作难点,指出学生的易犯错误动作,让学生采用口令法多加练习,改正动作,增强节奏感,提高动作的整齐性;③进行练习,并随时纠正错误动作。在急停技术有所提高后,适当加大助跑距离;④运用哨音:一声起,两声停,调控所有同学急停急起。

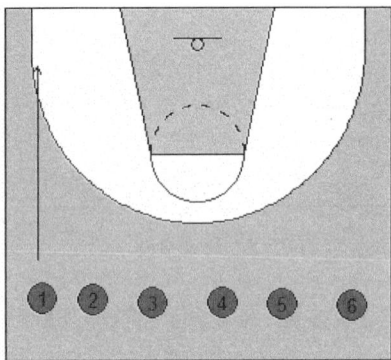

图5-9　争分夺秒

(2) 趣味拓展游戏:争分夺秒(见图5-9)。①讲解规则并示范,引导学生仔细听讲,统一口令下进行比赛;②游戏规则:每位同学站在篮球场的边线上,要以飞出手中的羽毛球盖开始,边运球边急速起动去追盖子,运用急停技术捡起盖子再飞出去,最终把盖子飞过终点线,放在自己大本营附近,并把球放在盖子上,然后快速跑回来击掌,让下一位同学出发,最快完成的队伍获胜。

3. 拓展延伸

(1)半场直线往返跑;(2)放松练习;(3)宣布下课。

◆ 第6课时　双手胸前传接球 ◆

1. 常规积累

(1)操场集合,检查着装,安排见习生;(2)宣布本课教学内容和学习目标;(3)慢跑热身;(4)专项拉伸;(5)篮球专项球操;(6)游戏:抢车位。

2. 过程推进

（1）双手胸前传接球。①双手持球于胸腹间，传球时后脚蹬地发力，重心前移，两臂前伸，两手腕自下而上、由内向外同时翻转，用食指、中指拨球将球传出，传出后两手心向下，略向外翻；②易犯错误包括持球方法不正确、手掌握球、肩腕关节紧张、两肘外展，用力不均不协调等。

（2）趣味拓展游戏：圆圈双手胸前传接球比赛。①说明游戏规则、方法及要求；②鼓励学生团结协作、发展协同能力；③给予合理评价。

3. 拓展延伸

（1）传接球比赛；（2）放松练习；（3）宣布下课。

第7课时　双手击地传接球

1. 常规积累

（1）操场集合，检查着装，安排见习生；（2）宣布本课教学内容和学习目标；（3）慢跑热身；（4）专项拉伸：复习原地运球。

2. 过程推进

（1）双手击地传接球。①动作要领：双手持球向前下方用力，将球传出，击地点在传球人距接球人三分之二处，两臂前伸迎球，触球后回收。②教师示范双手击地传球动作。③集体徒手模仿练习。④分组练习，教师巡视指导并纠错。⑤集中指导。⑥再次分组练习，教师个别指导。⑦教师组织学生进行展示。

（2）移动传球（见图5-10）。①游戏方法：将学生分成人数相等的4个队，每队准备一个篮球进行比赛。比赛时，各队出一个人，首先运用行进间运球到标志筒，再双手击地传给下一名队员，如此重复进行，直到全部队员做完，最先完成的队获胜。②游戏规则：教师发令后游戏方能开始，掉球时其他人不得帮助。③学生演示。④教师对完成效果进行评价。

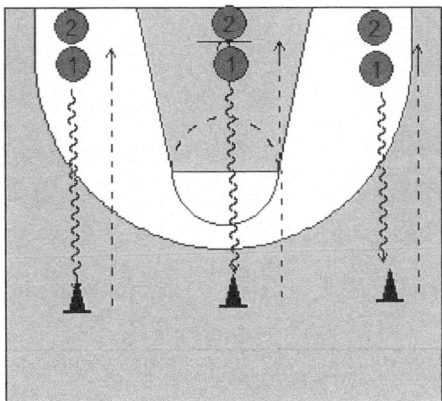

图5-10　移动传球

3. 拓展延伸

(1)定距传球50次;(2)放松练习;(3)宣布下课。

◆ **第8课时　行进间双手胸前传接球** ◆

1. 常规积累

(1)操场集合,检查着装,安排见习生;(2)宣布本课教学内容和学习目标;(3)慢跑热身;(4)专项拉伸;(5)游戏:原地向上抛接球。

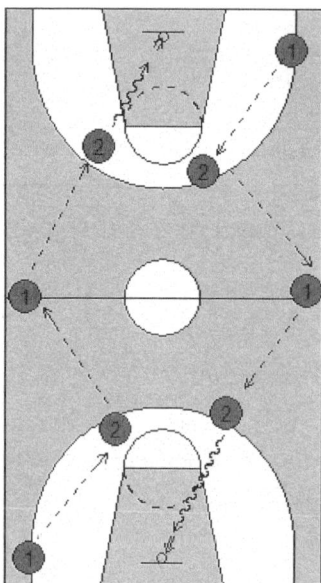

图 5 - 11 　行进间双手胸前
传接球路线

2. 过程推进

(1) 行进间双手胸前传接球。①教师讲解篮球行进间双手胸前传接球练习的重要性。②动作要领:眼视来球,两臂迎球伸出接球,用指根以上部位握球的侧后方,手心空出,将球置于胸前。肩、臂、腕肌肉放松,两眼注视传球目标。传球时两臂前伸,手腕由下向上翻转,同时拇指用力下压,食、中指用力弹拨,将球传出。由于是行进间传球,要注意给接球人打好"提前量"。当传球到篮下时,外侧同学可三步上篮并自抢篮板。③练习方法:组织学生两人一组,一组一球进行原地练习。练习两分钟后,在篮球场进行行进间胸前传接球比赛(见图 5 - 11)。④教师组织学生进行练习,并不断增加传球距离。

(2) 移动胸前传接球。①游戏方法:将学生分成人数相等的 4 个队,每组准备一个篮球进行比赛。比赛时,各队出一个人,首先运用行进间运球到标志筒,再双手击地传给下一名队员,如此重复进行,直到全部队员做完,最先完成的队获胜。②游戏规则:教师发令后游戏才能开始,掉球时其他人不得帮助。③学生演示。④教师对完成效果进行评价。

(3) 移动中击地传接球。

(4) 无球练习。

3. 拓展延伸

(1)原地对传比快;(2)放松练习;(3)宣布下课。

◆ 第9课时 原地单手肩上投篮 ◆

1. 常规积累

(1)操场集合,检查着装,安排见习生;(2)宣布本课教学内容和学习目标;(3)慢跑热身;(4)专项拉伸;(5)游戏:行进间手递手传接球。

2. 过程推进

(1) 原地单手肩上投篮。①教师讲解并示范原地单手肩上投篮的动作及注意点:以右手为例,两脚前后或左右开立,膝关节微屈,五指自然分开,指根以上持球,肘关节朝前,屈肘翻腕置球于右肩前。投篮时,蹬地展体,右臂向前上方抬肘伸臂,压腕拨球。②组织学生进行徒手原地练习。③持球原地投篮模仿练习:两人一组一球,相距4~5米进行模仿练习。④每人一球,篮下近距离投篮练习。⑤教师组织队伍练习,并纠正错误动作。⑥教师语言提示易犯错误,监督练习。⑦教师循环指导,纠正错误。

(2) 投篮比赛。①游戏方法:以半个篮球场为场地,距中线10米处放一个标志物。学生分成人数相等的两组,每组一个球,一半学生站在中线,一半学生站在罚球线处。中线同学运球至标志物传球给站在罚球线的同伴,该同学运用原地单手肩上投篮动作把球投入篮筐(三次机会,投中一次即结束)。投完篮后再运球到中线将球传给下一位同学,以此类推,直到最后一位同学完成,用时最少的队获胜。②游戏规则:运球过程中若球掉落,捡起后回到掉球的位置再出发。③组织学生游戏,并指导学生担任裁判工作,培养学生的独立工作能力。

3. 拓展延伸

(1)单人原地立卧撑40次;(2)放松练习;(3)宣布下课。

◆ 第10课时 规定距离投篮 ◆

1. 常规积累

(1)操场集合,检查着装,安排见习生;(2)宣布本课教学内容和学习目标;

(3)慢跑热身;(4)专项拉伸;(5)游戏:运球斗牛。

2. 过程推进

(1) 原地向上抛接球。①动作要领:两腿左右开立,双手持球于胸腹前。练习时,全身协调用力将球向上抛起,抛球时足踵提起,接球时顺势屈膝。②教师组织学生进行原地抛接球练习。要求学生遵守规则,保持适当间距,注意安全,高度控制在头顶上方1米。③练习结束后,教师对练习内容的完成效果进行评价并予以纠错,同时请学校篮球队中完成较好的同学进行展示。

(2) 定距投篮。①练习方法:学生两人为一组,站在篮球架两侧,面对面站立进行投篮,再接篮板球排至队尾。②教师组织学生在罚球线处进行投篮练习。要求学生遵守规则,保持适当间距,注意安全,投篮后积极拼抢篮板,运球回到队尾。③练习结束后,教师对练习内容的完成效果进行评价并予以纠错,同时请学校篮球队中完成较好的同学进行展示。

3. 拓展延伸

(1)原地向上投篮40次;(2)放松练习;(3)宣布下课。

◆ 第11课时　不同距离投篮 ◆

1. 常规积累

(1)操场集合,检查着装,安排见习生;(2)宣布本课教学内容和学习目标;(3)慢跑热身;(4)专项拉伸;(5)游戏:运球斗牛。

2. 过程推进

(1) 行进间向上抛接球。①动作要领:两腿左右开立,双手持球于胸腹前。练习时,全身协调用力将球向上抛起,抛球时足踵提起,接球时顺势屈膝。②教师组织学生进行行进间抛接球的练习。要求学生遵守规则,保持适当间距,注意安全,高度控制在头顶上方一米。③练习结束后,教师对练习内容的完成效果进行评价并予以纠错,同时请学校篮球队中完成较好的同学进行展示。

(2) 罚球线投篮。①篮球游戏:爬楼梯。②练习方法:学生两人为一组,站在篮球架两侧,面对面站立,进行投篮,再接篮板球排至队尾。③组织学生在罚球线、三分线处进行投篮练习。要求学生遵守规则,保持适当间距,注意安全,投篮后积极拼抢篮板,运球回到队尾。④练习结束,教师对练习内容的完成效果进行评价并纠错,同时请学校篮球队中完成较好的同学进行展示。⑤组织学生在罚球线沿边不同的站点进行不同距离的投篮。

3. 拓展延伸

(1)投篮大赛;(2)放松练习;(3)宣布下课。

• 第12课时 三步上篮 •

1. 常规积累

(1)操场集合,检查着装,安排见习生;(2)宣布本课教学内容和学习目标;(3)慢跑热身;(4)专项拉伸;(5)游戏:捕鱼达人。

2. 过程推进

(1) 无球原地三步上篮。①练习方法:学生排成一列,依次进行无球原地三步上篮,向前走两步,第三步腾空高跳。②教师组织学生进行原地三步上篮练习。要求学生遵守规则,保持适当间距,注意安全。③练习结束后,教师对练习内容的完成效果进行评价并予以纠错,同时请学校篮球队中完成较好的同学进行展示。

(2) 有球原地三步上篮。

(3) 行进间三步上篮。

3. 拓展延伸

(1)行进间三步上篮对传;(2)放松练习;(3)宣布下课。

• 第13课时 三人快攻传球练习 •

1. 常规积累

(1)操场集合,检查着装,安排见习生;(2)宣布本课教学内容和学习目标;(3)慢跑热身;(4)专项拉伸。

2. 过程推进

(1) 三人快攻传球练习(见图5-12)。①练习方法:学生沿底线排成三队,中间队伍的第一名学生持球。从左至右学生编号为2、1、3。练习开始后,2号、3号向中路跑动,同时1号将球传给2号,然后从2号身后绕过向前跑。2号接到球后将球传给同样向中路跑的3号,传球完成后,从3号的身后绕过向前跑。

116

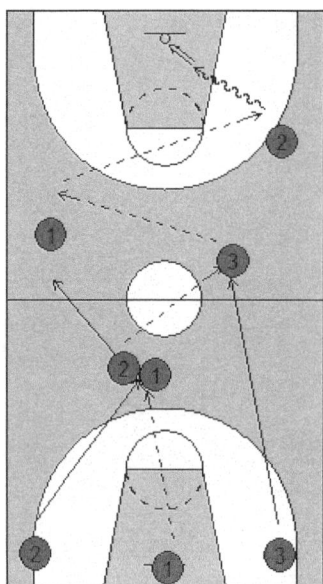

图 5-12 三人快攻传球练习路线

3号接到球后,再将球传给1号。以此方法三人传球至另一侧篮筐,距离篮筐最近的学生上篮,完成后在对面底线一列横队站好,每队第二名学生重复练习。②练习要求:开始练习时慢速跑,短传球,以便理清跑动顺序与方法,必要时可以运球过渡。熟悉练习形式后,尽可能不运球,加快传球与跑动速度,同时避免走步违例或出现丢球失误。③注意跑动中的传球与跑位,避免跑动传球时可能出现的走步违例,或者丢球失误。

3. 拓展延伸

(1)游戏:突出重围;(2)放松练习;(3)宣布下课。

第14课时 半场卡位技术

1. 常规积累

(1)操场集合,检查着装,安排见习生;(2)宣布本课教学内容和学习目标;(3)慢跑热身;(4)游戏:传接球接龙。

2. 过程推进

(1)抢篮板时卡位。

(2)进攻时卡位。①教师讲解无球卡位的方法。动作要领如图5-13所示,卡位是当防守方在篮下阻挡进攻方抢篮板球时的动作。抢篮板时,双臂张开,腿半蹲,沉腰,全力将进攻方挡在自己背后,使进攻方在抢篮板时起跳困难,且容易造成进攻篮板犯规。②组织学生进行无球卡位练习。要求学生遵守规则,保持适当间距,注意安全,尽量减少失误次数。③练习结束后,教师对

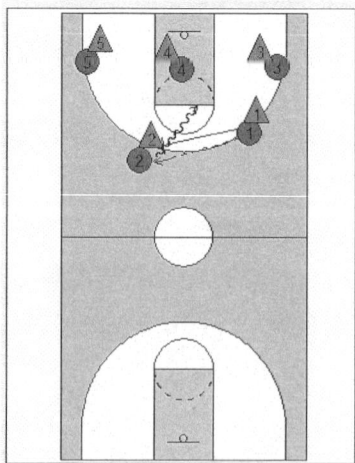

图 5-13 卡位示意

练习内容的完成效果进行评价并予以纠错,帮助大家寻找合适的时机卡位抢篮板。

3. 拓展延伸

(1)15×7折返跑2组;(2)放松练习;(3)宣布下课。

第四节 篮球体能

四年级篮球体能篇共6学时,内容包含弹跳类(蛙跳、跳台阶)、综合跑类(场地跑)、力量(仰卧起坐传接球)等,详见表5-4。

表5-4 四年级篮球体能教案

序号	教学内容	教学目标
1	弹跳类:蛙跳	1. 通过练习,使学生掌握蛙跳的技巧和方法,提高跳跃能力,促进下肢肌肉、关节、韧带的机能发展 2. 学生通过学习,增强弹跳力,强化腿部力量 3. 学生在不断练习的过程中,树立顽强拼搏、勇敢果断的精神
2	弹跳类:跳台阶	1. 学生通过练习台阶跳等方式,掌握正确台阶跳的技巧和方法,发展弹跳素质,促进下肢肌肉、关节、韧带的机能发展 2. 学生通过学习,强化腿部力量,提高上肢的协调及平衡能力 3. 学生在不断练习的过程中,进一步树立顽强拼搏、勇敢果断的精神
3	综合跑类:场地跑(一)	1. 通过情景教学,使学生基本掌握场地折返跑、变速跑的技巧和方法 2. 学生通过练习,强化腿部力量 3. 学生在不断练习的过程中,树立顽强拼搏和团结互助的集体主义精神
4	综合跑类:场地跑(二)	1. 通过教学,使学生掌握折返跑的技术动作 2. 学生通过练习,强化腿部力量,发展奔跑能力,提高灵敏性、反应能力和力量素质 3. 学生在不断练习的过程中,进一步树立顽强拼搏和团结互助的集体主义精神
5	综合跑类:场地跑(三)	1. 学生通过多种练习方式掌握各类场地跑的动作技术 2. 学生通过练习提升腿部力量 3. 学生在不断的练习过程中,进一步贯彻顽强拼搏和团结互助的集体主义精神

（续表）

序号	教学内容	教学目标
6	力量类：仰卧起坐传接球	1. 通过全场演练学生学习仰卧起坐传接球的技巧动作 2. 学生通过学习，提升腰腹肌力量，发展身体的柔韧性及协调性 3. 培养学生克服困难、积极进取的良好品质，在不断尝试中掌握技巧，学会配合，鼓励同伴，共同进步

◆ 第1课时　蛙跳 ◆

1. 常规积累

（1）操场集合，检查着装，安排见习生；（2）师生问好；（3）宣布本课教学内容和教学目标；（4）专项拉伸；（5）强调安全问题。

图 5 - 14　蛙跳

2. 过程推进

（1）蛙跳。动作要领：两脚分开成半蹲，上体稍前倾，两臂自然后举，两腿用力向后蹬，充分伸直髋、膝、踝三个关节，同时两臂迅速前摆，身体向前上方跳起，然后用全脚掌落地，屈髋屈膝缓冲，两臂自然摆成预备姿势。连续进行5～7次，重复3～4组（见图5－14）。

（2）游戏：跳荷叶、青蛙过河。

3. 拓展延伸

（1）一分钟平板支撑；（2）放松练习；（3）宣布下课。

◆ 第2课时　跳台阶 ◆

1. 常规积累

（1）操场集合，检查着装，安排见习生；（2）师生问好；（3）宣布本课教学内容和学习目标；（4）强调安全问题；（5）专项拉伸。

2. 过程推进

(1)单腿台阶跳(见图 5 - 15)。动作要领:面朝前站在踏板上,弯曲右腿,左脚向前一步,使劲向下踩同时脚尖上钩。右脚脚后跟放松,向上提右脚,躯干和膝盖不要旋转,回到准备动作。换另一条腿,重复动作 20 次。如有需要,可以扶着墙面或栏杆慢慢移动,控制自己的身体,保持正确的姿势避免膝盖向内弯曲,保持膝盖与脚在一条直线上。(2)游戏:跳荷叶,青蛙过河。

3. 拓展延伸

(1)一分钟平板支撑;(2)放松练习;(3)宣布下课。

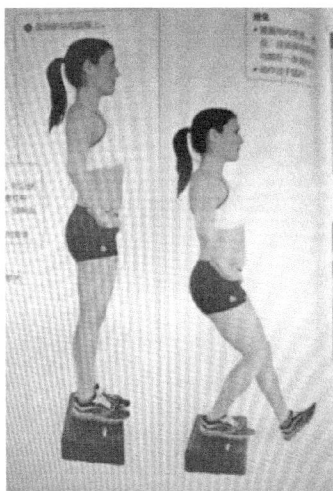

图 5 - 15　台阶跳

119

第 3 课时　场地跑(一)

1. 常规积累

(1)操场集合,检查着装,安排见习生;(2)师生问好;(3)宣布本课教学内容和学习目标;(4)强调安全问题;(5)专项拉伸。

2. 过程推进

(1)17 次折返跑训练(见图 5 - 16)。练习方法:从球场一侧边线出发,以直线方式迅速跑到另一侧边线并迅速返回(来回记做 2 次,共跑 17 次)。

(2)变速跑。练习方法:采用慢跑、大步跑、极速跑和减速跑四种不同速度形式,从一侧端线出发,慢跑至罚球线;然后加速,以四分之三的速度跑到中线;再加速,全力跑到另一侧罚球线;最后减速跑到另一侧端线。然后立即返回,重复这种快慢交替跑,跑 4～

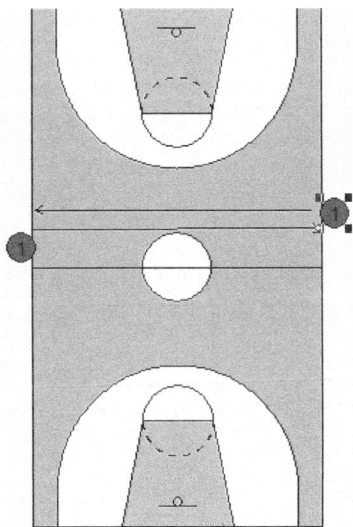

图 5 - 16　17 次折返跑路线

6 次。

3. 拓展延伸

(1)游戏:推小车;(2)放松练习;(3)宣布下课。

第 4 课时　场地跑(二)

图 5 - 17　折返跑小组训练

1. 常规积累

(1)操场集合,检查着装,安排见习生;(2)师生问好;(3)宣布本课教学内容和学习目标;(4)强调安全问题;(5)热身小游戏。

2. 过程推进

(1) 折返跑(见图 5 - 17)。练习方法:经过罚球线、中场线、对面罚球线、对面底线这样一个路程,整个过程要求全速完成,并注意踩线。

(2) 纵向六次跑训练。练习方法:从一侧端线出发,以直线方式迅速跑到另一侧端线,然后再跑回起点,重复跑 3 次。

3. 拓展延伸

(1)游戏:推小车;(2)放松练习;(3)宣布下课。

第 5 课时　场地跑(三)

1. 常规积累

(1)操场集合,检查着装,安排见习生;(2)师生问好;(3)宣布本课教学内容和教学目标;(4)专项拉伸;(5)强调安全问题;(6)热身小游戏。

2. 过程推进

(1) X 跑训练(见图 5 - 18)。练习方法:要求运动员面对球场,从右侧底角出发,极速跑到对面的场角,然后沿端线防守滑步至右侧场角,转身面向球场,再极速跑到对面场角,然后沿端线防守滑步至起点,转身面向球场。按照此要求为一次完整的 X 跑,重复跑 2~3 次。

(2) 间歇跑训练。练习方法:包括四部分极速跑,同时每两次之间的时间间隔固定,以跑完球场的宽度为一次。从一侧边线出发,在两侧边线之间往返跑 15 次,休息 1 分钟;接着在两侧边线之间跑 12 次,休息 45 秒;然后在两侧边线之间跑 9 次,休息 30 秒;最后在两侧边线之间跑 6 次,即完成一次间歇跑训练。

(3) 胸前传球全场急速跑训练。练习方法:两人之间保持罚球区的宽度距离,全速进行双手胸前传接球练习,往返 2~3 次。

3. 拓展延伸

(1)游戏:推小车;(2)放松练习;(3)宣布下课。

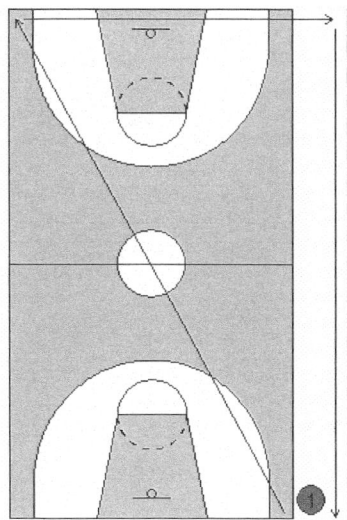

图 5-18 X 跑路线

◆ **第 6 课时 仰卧起坐传接球** ◆

1. 常规积累

(1)操场集合,检查着装,安排见习生;(2)师生问好;(3)宣布本课教学内容和学习目标;(4)强调安全问题;(5)热身小游戏。

2. 过程推进

仰卧起坐传接球。①动作要领:仰卧,两腿并拢,两手上举,利用腹肌收缩,两臂向前摆动,迅速成坐姿,上体继续前屈,两手触脚面,低头,然后还原成坐姿。起身后,快速接(传)球。②练习方法:学生在垫子上排开,由每队排头做完 5 个传至下一名同学,后面的学生依次进行,以用时短、失误少的小组为优胜组。③教师组织学生进行展示,纠正错误动作

3. 拓展延伸

(1)举腿 15 次每组,完成 2 组;(2)放松练习;(3)宣布下课。

第六章　五年级教学设计

　　五年级教学设计共分为篮球理论、篮球体验、篮球技术、篮球战术、篮球体能五大模块。

第一节　篮球理论

　　本节主要对篮球场上的裁判动作、篮球在中国的发展以及拉伤、手指戳伤等损伤后的处理方法进行介绍，促进学生认知，共4学时，详见表6-1。

表6-1　五年级篮球理论教案

序号	教学内容	教学目标
1	篮球比赛中裁判员出示的手势	1. 学生通过课堂学习，了解篮球比赛中裁判手势的含义，提高对篮球的认识 2. 学生按规则要求掌握篮球技术、战术，会分辨不同的违例形式，掌握篮球违例的基本判罚和裁判员的判罚手势 3. 学生通过学习，体会篮球运动的乐趣，提高对篮球运动的欣赏能力，培养组织观念和团结协作精神
2	篮球比赛中裁判员出示的违例手势	1. 学生通过课堂学习，进一步了解篮球规则中违例的分类与手势 2. 学生按规则要求掌握篮球技术、战术，会分辨不同的违例形式，掌握篮球违例的基本判罚和裁判员的判罚手势 3. 学生通过学习，体会篮球运动的乐趣，进一步提高对篮球运动的欣赏能力，培养组织观念和团结协作精神
3	运动损伤的发生原因	1. 学生通过教学，了解常见的运动损伤以及发生的原因及预防措施 2. 学生通过学习，在运动中最大限度地防止运动损伤的发生 3. 学生通过学习，激发对篮球运动的兴趣，树立顽强拼搏、不畏艰辛的精神品质

（续表）

序号	教学内容	教学目标
4	常见运动损伤及处理	1. 通过教学,学生了解如何预防与处理常见的运动损伤 2. 学生通过学习,在运动中最大限度地防止运动损伤的发生,并及时正确地处理常见运动损伤 3. 学生通过学习,树立不怕困难、迎难而上的精神,形成顽强拼搏、不畏艰辛的精神品质

具体分课时介绍如下。

第1课时　篮球比赛中裁判员的手势

1. 常规积累

(1)集合整队;(2)师生问好;(3)宣布教学内容和学习目标。

2. 导入新课

(1) 教师提问:篮球比赛中的违例有哪些判罚标准?

(2) 学习篮球比赛中的裁判手势。得分手势。教师请同学示范得分手势,包括:得1分,单手食指伸出(与地面垂直),与眼睛同一高度,停留1～2秒,注意从手腕带动食指向下弯曲。得2分,单手食指与中指伸出,与眼同高,停留1～2秒,然后从手腕向下弯曲。3分试投,单手过头顶伸直手臂举向空中,拇指、食指、中指展开。3分投篮成功,两手高举过头顶,伸出拇指、食指和中指表示。取消得分,双手在胸前交叉一次。

(3) 计时手势。教师请同学示范计时手势,包括:违例停表手势,一手上举,四指并拢,一手平伸在下;犯规停表手势,一手握拳在上,一手平伸在下;计时开始手势,一手上举,四指并拢,手向下劈下;24秒复位手势,一手举起,伸出食指,手转一圈。

(4) 管理手势。教师请同学示范管理手势,包括:招呼入场手势,单臂体前屈肘;替换手势,双手体前交叉;暂停手势,一手张开,一手食指接触掌心。

(5) 分组练习。

3. 拓展延伸

(1)课后查阅资料,搜集更多裁判手势;(2)小结本课;(3)师生再见。

第2课时　篮球比赛中裁判员出示的违例手势

1. 常规积累

(1)集合整队;(2)师生问好;(3)宣布本课教学内容和学习目标。

2. 导入新课

(1) 教师提问:篮球比赛中的违例有哪些判罚标准?

(2) 复习上节课学过的得分、计时和管理手势。

(3) 学习违例手势。

① 带球走:犯规鸣笛后,双手握拳,前后滚动3~5次。

② 非法运球:双手上下拍打。

③ 携带球:翻腕。

④ 3秒违例:三只手指指向队员。

⑤ 5秒违例:五只手指指向队员。

⑥ 8秒违例:伸出双手。

⑦ 24秒违例:手举起,手腕向下,点击肩膀。

⑧ 球回场违例:一手左右摆动。

3. 拓展延伸

(1)课后查阅资料,搜集更多违例判罚手势;(2)小结本课。

第3课时　运动损伤的发生原因

1. 常规积累

(1)集合整队;(2)师生问好;(3)宣布本课教学内容和学习目标。

2. 导入新课

(1) 教师提问:你们知道科比吗? 在他20多年的NBA职业生涯里,经历了很多次伤病,但因为他做好了预防与处理,才能在赛场上坚持多年。

(2) 运动损伤的定义。体育运动中,造成人体组织或器官在解剖上的破坏或生理上的紊乱,称为运动损伤。

(3) 运动损伤发生的原因。①思想因素。思想上麻痹大意,不注意科学的锻炼方法,忽视循序渐进和量力而行的原则,急于求成,不顾主客观条件的可能,盲目或冒失地进行锻炼。在练习中对难度较大或不成熟的动作,产生畏惧和害怕心理,动作犹豫,过分紧张也会造成损伤。②准备活动不当。不做准备活动或准备活动不充分;准备活动的内容与练习内容结合不恰当;准备活动的量过大、时间过长。③身体、心理素质原因。身体素质差,肌肉力量和弹性就差,关节的灵活性和稳定性也不够,反应迟钝,这些都可成为损伤的原因。心情不好情绪不高,对训练或比赛缺乏自觉性和积极性,思想不集中,急躁、胆怯、犹豫等,也容易动作失常而引起损伤。

3. 拓展延伸

(1)课后查阅资料,搜集更多的运动损伤诱因;(2)小结本课。

◆ 第4课时　常见运动损伤及处理 ◆

1. 常规积累

(1)集合整队;(2)师生问好;(3)宣布本课教学内容和学习目标。

2. 导入新课

(1)教师提问:上节课我们学习了运动损伤发生的各种原因,这节课我们来学习如何预防与处理,同学们想不想当个小医生呢?

(2)常见的运动损伤及处理。

① 手指挫伤。原因:接球时动作不正确或断球时手指过于紧张伸直;防守位置与判断不符,在对方队员的侧后方用单臂伸直去断球;球气过足。症状:损伤部位关节周围肿胀疼痛、功能障碍、局部压痛。处理:可将伤指冷敷或用冷水冲淋,也可用另一手指轻捏伤指稍微活动和放松,此损伤对训练和继续运动无重大影响。

② 踝关节扭伤。原因:场地不平,跳起落地不稳,踩在别人脚上,或在空中受碰撞而落地不稳等。症状:损伤后出现局部的疼痛、肿胀,有明显压痛,轻者关节活动受限,不能着力;重者关节有不稳或松动感,关节功能明显障碍。处理:停止锻炼,立即冷敷,用绷带加压包扎,并抬高患肢,以减轻出血和肿胀。12小时冷敷,24~36 小时需热敷。当关节肿胀和疼痛减轻后,尽早进行伤肢功能性活动,防止发生肌肉萎缩。

(3)皮肤擦伤。原因与症状:运动时皮肤受挫致伤。如跑步时摔倒,体操运动时身体摩擦器械受伤。擦伤后皮肤出血或组织液渗出处理:小面积擦伤,伤口洗干净,涂上红药水或紫药水即可;重度擦伤,可用冷敷法、抬高肢体法、绷带加压包扎法、手指直接点压止血法等。

3. 拓展延伸

(1)课后查阅资料,搜集更多运动损伤的应急处理与康复方法;(2)小结本课;(3)师生再见。

第二节 篮球体验

篮球体验主要为游戏类活动,共 8 学时,在正式接触技术学习前进行的游戏体验,主要包括速度竞赛游戏(看号追人、争抢"三线")、无球合作游戏(两人三足、滑步游戏)、单人有球游戏(快快动起来、看谁反应快)、多人有球合作游戏(四角传球、喊数抱团)等,详见表 6-2。

表 6-2 五年级篮球体验教案

序号	教学内容	教学目标
1	速度竞赛游戏:看号追人、争抢"三线"	1. 通过"看号追人""争抢'三线'"游戏,提高学生的动作速度和灵活性、协调性 2. 学生主动参与游戏练习,在反复练习中培养能力 3. 通过教学,学生在自主练习中学会合作与评价,体验篮球运动带来的乐趣与成功的喜悦
2	体能竞赛游戏:立定跳远、跳箱接力	1. 通过立定跳远、跳箱等体能训练,提高学生的速度、力量、耐力、爆发力等 2. 学生主动参与训练与游戏,在训练中慢慢提高动作技能 3. 学生在自主练习与游戏中学会合作与评价,培养团结合作精神
3	无球合作游戏:两人三足、滑步游戏	1. 学生通过两人三足、滑步游戏,提高下肢力量和反应速度 2. 学生在游戏的过程中养成规则意识和团队精神,体验通过努力获得游戏胜利,培养集体荣誉感 3. 学生通过游戏,培养不怕困难、迎难而上的生活态度,发展创新意识、探究能力和合作意识
4	单人有球游戏:快快动起来、看谁反应快	1. 学生通过跳跃类游戏,进一步提高下肢力量和反应速度 2. 学生在游戏的过程中养成规则意识和团队精神,体验通过努力获得游戏胜利,培养集体荣誉感 3. 学生通过游戏,培养不怕困难、迎难而上的生活态度,进一步发展创新意识、探究能力和合作意识

（续表）

序号	教学内容	教学目标
5	多人有球合作游戏:击地传球游戏	1. 学生通过传球游戏,提高双手胸前传接球的技术,提高传接球的准确性、熟练性和敏捷性 2. 学生通过学习,在自主练习中学会合作与评价,体验篮球运动带来的乐趣与成功的喜悦。 3. 学生通过练习,培养不怕困难、迎难而上的精神,并做到自律、自强
6	速度竞赛游戏:穿插攻击、运球大追逐	1. 通过游戏,发展学生的速度、协调与反应能力,促进学生身心素质的发展 2. 学生在游戏的过程中,提高身体的协调性、平衡性和控制能力 3. 学生在自主练习中学会合作与评价,体验篮球运动带来的乐趣与成功的喜悦
7	多人有球合作游戏:四角传球、喊数抱团	1. 学生通过有球游戏,提升身体素质和协调能力 2. 学生在游戏的过程中养成规则意识,树立团队精神,体验通过努力获得游戏胜利,培养集体荣誉感 3. 学生通过练习,培养不怕困难、迎难而上的精神,发展探究能力和合作意识
8	多人有球合作游戏:滚筒比赛、运送弹药	1. 学生通过意志竞赛类游戏,锻炼身体,提升身体素质和协调能力 2. 学生在游戏的过程中进一步养成规则意识,树立团队精神,体验通过努力获得游戏胜利,培养集体荣誉感 3. 学生通过练习,培养不怕困难、迎难而上的精神,发展团结协作的能力,养成集体意识

第1课时　看号追人、争抢"三线"

1. 常规积累

（1）篮球馆集合,检查着装,接受体委报告;（2）宣布本课教学内容和学习目标;（3）慢跑热身;（4）专项拉伸;（5）热身小游戏:拉网捕鱼。

2. 过程推进

（1）看号追人（见图6-1）。①游戏方法,把学生分为甲、乙两队相向而立,教师先在每人背后标上号码。游戏开始,各队出一人,利用快速脚步移动的方法设法看到对方背后的号码,先看到者得一分;然后双方第二人出列,进行同样的比赛,直到全部轮完,积分多的队获胜。②教师组织学生进行游戏。③教师宣布游戏结果,并加以评价,强调反复练习。

(2) 争抢"三线"(见图6-2)。①游戏方法,全体学生成横排站立于球场端线外,约定场上两端线和一条中线分别代表"1""2""3"。游戏开始,教师随机喊出某线代号,学生快速站于该线上并举手示意,最后一个到达者被判失败。②教师组织学生进行游戏。③教师宣布游戏结果,并加以评价。

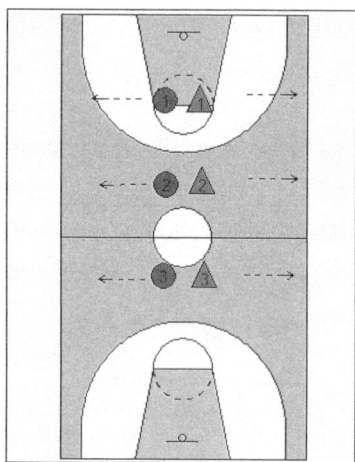

图6-1 "看号追人"路线

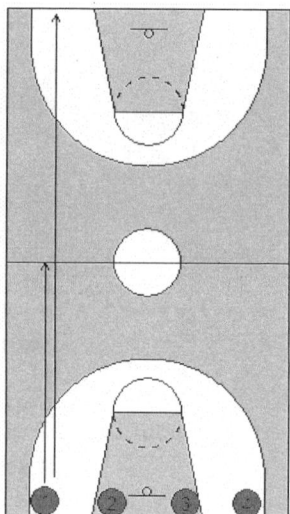

图6-2 争抢"三线"路线

3. 拓展延伸

(1)举腿1分钟每组,完成2组;(2)小结本课。

◆┄┄┄┄┄┄┄┄ **第2课时 立定跳远、跳箱接力** ┄┄┄┄┄┄┄┄◆

1. 常规积累

(1)篮球馆集合,检查着装,接受体委报告;(2)宣布本课教学内容和学习目标;(3)慢跑热身;(4)专项拉伸;(5)球操。

2. 过程推进

(1) 立定跳远。①组织学生复习立定跳远的完整动作(2组);②组织学生立定跳半片篮球场,看谁用的次数最少;③组织学生举行立定跳远接力比赛;④请动作标准的同学进行展示(见图6-3)。

(2) 跳箱接力。①将学生分成人数相等的四组,每组成一路纵队站立,每队前面有三个不同高度的跳箱。听到口令后各队第一名队员迅速用双脚跳过跳箱,并从右侧跑回队伍,所有队员跳完后用时最短的队伍获胜。②组织学生跳三个不同高度的跳箱(可用小体操垫代替)。③教师组织学生进行比赛(见图6-4)。④教师在比赛的过程中巡回指导,提醒学生注意安全。④请完成动作较好的学生展示。

图6-3　立定跳远　　　　　　　图6-4　跳箱接力

3. 拓展延伸

(1)举腿1分钟每组,完成2组;(2)小结本课。

◆ 第3课时　两人三足、滑步游戏 ◆

1. 常规积累

(1)篮球馆集合,检查着装,接受体委报告;(2)宣布本课教学内容和学习目标;(3)慢跑热身;(4)专项拉伸;(5)球操。

2. 过程推进

(1) 游戏:两人三足。①游戏方法:将学生分成人数相等的若干组,各组间隔3~4米,成纵队站在篮球场边线。每组两名学生用布条将各自一条腿绑在一起,教师发令后,每组前两名学生以两人三足的方式行进到标志筒,再返回到本队与下一组同学击掌,下一组同学继续出发,依次进行,先完成的队伍获胜。②教师讲解、示范游戏规则。③组织学生两人三足赛。④请完成动作较好的同学进行展示。

(2) 滑步游戏。①游戏方法:将学生分成人数相等的若干组,在小组长的带领下分别站在篮球场底线处。教师发令后,以小组为单位向另一端底线以滑步行进的方式移动,在听到教师哨响时,变换滑步方向,看哪队反应最快、速度最快。②教师讲解、示范游戏规则。③教师组织学生有序游戏。④教师在比赛

129

的过程中巡回指导,提醒学生注意安全。⑤请动作完成较好的同学进行展示。

3. 拓展延伸

(1)全场攻击步练习,完成 2 组;(2)小结本课;(3)师生再见。

◆ **第 4 课时　快快跳起来、看谁反应快** ◆

1. 常规积累

(1)篮球馆集合,检查着装,接受体委报告;(2)宣布本课教学内容和学习目标;(3)慢跑热身;(4)专项拉伸;(5)球操。

2. 过程推进

(1) 快快跳起来。①游戏方法:将学生分成人数相等的若干组,各组间隔 3～4 米,排成一路纵队,各组前两名学生手持一根跳绳站在队伍的前面两侧,跳绳的高度保持在膝盖附近。教师发令后,各组持绳队员共同持绳向队尾方向跑去,每名队员依次跳起来,让绳子从脚下通过。②游戏规则:前两名同学跑到排尾后再从后往前,其他同学再次跳过横绳,然后持绳队员把绳子交给下两名同学后跑到队尾,如此依次进行,先完成的队伍获胜。③组织学生"快快跳起来"。④请动作完成较好的小组进行展示。

(2) 看谁反应快。①游戏方法:将学生分成人数相等的若干组,分别站成半圆形,各队队员相隔一步。每队选一名队员站在圆心处,手握一根绳子,一端系上小沙包。②游戏规则:游戏开始,拿绳的队员沿着圆形保持低姿转动,使小沙包从站在圆形上的队员脚下通过,这时队员应该适时地跳起来,躲避沙包。小沙包碰到谁,谁就退出游戏并做 5 个深蹲,替代拿绳的同学。③组织学生有序进行游戏。④比赛的过程中巡回指导,提醒学生注意安全。⑤请完成动作较好的学生进行展示。

3. 拓展延伸

(1)原地纵跳 10 个每组,完成 2 组;(2)小结本课;(3)师生再见。

◆ **第 5 课时　击地传球游戏** ◆

1. 常规积累

(1)篮球馆集合,检查着装,接受体委报告;(2)宣布本课教学内容和学习目标;(3)慢跑热身;(4)专项拉伸;(5)球操。

2. 过程推进

(1) 击地传球。①游戏方法如图 6 - 5 所示,双手击地传球的技术要领与胸前传球一样,只是球传出时手指应向下有力,使球碰地板反弹后,到达接球队友的腰部位置。在场馆的墙上画上大小不等的圆圈,并分别标上相应的分值,圆圈越小分值越大。将学生分成人数相等的若干组,站在标志桶后,对墙上的圆圈传球,小组长负责记分,每人传一次,最后看哪组得分最高。②教师组织学生有序进行游戏。③教师在比赛的过程中巡回指导,提醒学生注意安全。④请动作完成较好的同学进行展示。

图 6 - 5　击地传球

(2) 组织学生进行立定跳远接力赛。

3. 拓展延伸

(1)直臂支撑 1 分钟每组,完成 2 组;(2)小结本课。

◆ 第 6 课时　穿插攻击、运球大追逐 ◆

1. 常规积累

(1)篮球馆集合,检查着装,接受体委报告;(2)宣布本课教学内容和学习目标;(3)慢跑热身;(4)专项拉伸;(5)球操。

2. 过程推进

(1) 穿插攻击。①游戏方法如图 6 - 6 所示,将学生分为人数相等的 4 组,每组从排头开始 1、2 报数,然后手拉手围成一个圆圈。从排头开始,数 1 为逃者,数2为追者。听到口令后,迅速跑动,在规定的圈数内,若追上被追者为胜,否则为逃者胜,后面依次进行。追者与逃者必须从人与人的臂下逐个穿过,不得发生碰撞。②请一组同学进行试玩。③教师组织学生分组开始游戏。④教师在游戏的过程中巡回指导,提醒学生注意安全。⑤游戏结束后及时进行评价。

图6-6 穿插攻击

(2)运球大追逐。①游戏方法如图6-7所示,篮球场中线处将学生分成两大组,一组为单数,一组为双数,相距两米左右。学生认真听老师报数,若为单数则2号追1号,若为双数,则1号追2号。在篮球场内追上则为胜,反之则为失败。②教师组织学生分组进行游戏。③教师在游戏的过程中巡回指导,提醒学生注意安全。④游戏结束后及时进行评价。⑤请动作完成较好的学生进行展示。

图6-7 运球大追逐

3. 拓展延伸

(1)直臂支撑 1 分钟每组,完成 2 组;(2)小结本课。

◆ 第 7 课时 四角传球、喊数抱团 ◆

1. 常规积累

(1)篮球馆集合,检查着装,接受体委报告;(2)宣布本课教学内容和学习目标;(3)慢跑热身;(4)专项拉伸;(5)球操。

2. 过程推进

(1) 四角传接球。①游戏方法如图 6-8 所示,将学生分成人数相等的四组,每组从排头开始 1、2 报数,然后手拉手围成一个圆圈。从排头开始,数 1 的为逃者,数 2 的为追者。听到口令后,迅速跑动,在规定的圈数内,若追上被追者为胜,否则为逃者胜。后面依次进行,追与逃者必须从人与人的臂下逐个穿过,不得发生碰撞(此处内容为穿插攻击的游戏方法)。②请一组同学进行试玩。③教师组织学生分组进行游戏。④教师在游戏的过程中巡回指导,提醒学生注意安全。⑤游戏结束后及时进行评价。

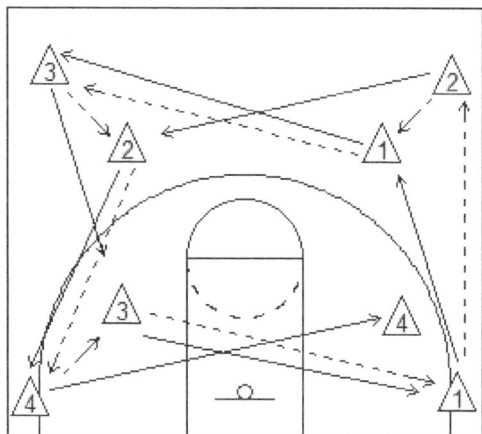

图 6-8 四角传接球

(2) 游戏:喊数抱团。①游戏规则:组织学生绕篮球场慢跑,当老师喊出数字时,学生迅速与邻近的同伴按教师所喊出的数字抱成一团,看哪些学生反应较快。②组织学生分组进行游戏。③教师在游戏过程中巡回指导,提醒学生注意安全。④游戏结束后及时进行评价。

3. 拓展延伸

(1)15米×7折返跑,完成2组;(2)小结本课。

◆ **第8课时　滚筒比赛、运送弹药** ◆

1. 常规积累

(1)篮球馆集合,检查着装,接受体委报告;(2)宣布本课教学内容和学习目标;(3)慢跑热身;(4)专项拉伸;(5)球操。

2. 过程推进

(1) 滚筒比赛。①游戏方法及规则:将学生分为人数相等的若干组成纵队站立,每队相距3~4米教师发令后,每组第一名同学迅速躺在垫子上向前滚动,直到滚到标志桶处迅速起身站立并举手示意本队的下一名同学,下一名同学看到示意后迅速向前滚出,依次进行,先完成的组为胜。②教师组织学生分组进行游戏。③教师巡视指导,提醒学生注意安全。④游戏结束后及时评价。

(2) 游戏:运送弹药。①将学生分为人数相等的若干组成纵队站立。游戏开始,每人一球,每组第一名同学听到信号后拿球跑到垫子前,直体躺于垫上,通过左(右)滚动,将球放在前方指定位置,跑回起点与本组队员击掌后站到队尾,第二人迅速出发,如此进行,最后看哪队运送弹药的速度快。②教师组织学生分组进行游戏。③教师巡视指导,提醒学生注意安全。④游戏结束后及时评价。⑤请动作完成较好的学生进行展示。

3. 拓展延伸

(1)15米×7折返跑,完成2组;(2)小结本课。

第三节　篮球技术

五年级篮球技术共10学时,内容包含障碍运球、一对一运球过人、变速变向运球、传接球游戏、传接球上篮练习、行进间单手肩上投篮、行进间双手胸前投篮、三步上篮、投篮比赛等,详见表6-3。

表6-3 五年级篮球技术教案

序号	教学内容	教学目标
1	障碍运球	1. 学生通过学习了解不同运球过障碍的方法,基本掌握运球过障碍的技术动作,提高控球能力 2. 通过游戏活动,发展学生灵敏、速度等素质,提高协调性及快速反应能力 3. 学生在自主练习中学会合作与评价,体验篮球运动带来的乐趣与成功的喜悦
2	一对一运球过人	1. 在运球过障碍的基础上,了解在实战过程中运球过人的动作要领和方法 2. 学生通过各种运球过人姿势的练习,学会在实战中运用急停急起持球,摆脱对手防守,发展身体协调和灵敏等身体素质 3. 学生在自主练习中学会合作与评价,体验篮球运动带来的乐趣与成功的喜悦,培养团体协作、互帮互助的优良品格
3	变速变向运球(一)	1. 积极参与学习和练习,基本掌握正确的变速变向运球技巧和方法 2. 学生通过各种运球过人姿势的练习,初步学会在实战中运用过人技术摆脱对方防守,达到运球自然、协调平稳 3. 学生自主实践和探索,形成体现团结合作的体育精神。与同伴共同体验篮球运动带来的乐趣与成功的喜悦
4	变速变向运球(二)	1. 积极参与学习和练习,掌握正确的变速变向运球技巧和方法 2. 学生通过各种运球过人姿势的练习,学会在实战中运用过人技术摆脱对方防守,达到运球自然、协调平稳,并合理地运用运球技术开拓和创新 3. 学生自主实践和探索,勇于创新,形成体现团结合作的体育精神。与同伴共同体验篮球运动带来的乐趣与成功的喜悦
5	传接球游戏	1. 学生通过传接球游戏,掌握双手胸前传接球的基本动作,在活动中体验篮球运动的乐趣 2. 学生通过练习,提高上下肢的协调性和判断能力,发展灵活、机敏、速度力量等身体素质,促进全面发展 3. 学生通过合作学练,培养不怕困难、迎难而上的精神,并做到自律、自强
6	传接球上篮	1. 学生通过学习,初步建立篮球传接球上篮的动作,了解传接球上篮的脚步动作和要领 2. 学生基本掌握传接球上篮的动作技巧,形成空间感觉和移动中的身体平衡感,发展速度、灵敏、弹跳力等体能 3. 学生在学练的过程中享受篮球运动带来的乐趣,形成良好的团结协作精神,增强进取心和自信心

（续表）

序号	教学内容	教学目标
7	行进间单手肩上投篮	1. 学生通过学习,学会行进间单手肩上投篮的动作要领,掌握正确的传接球手型、触球位置及接球前伸、持球后引的用力顺序,提高控球能力 2. 学生通过学习,培养对篮球运动的兴趣,提升运动参与意识和能力,发展灵敏性、协调性、速度力量等 3. 学生通过练习,形成勇敢顽强、勇于挑战的意志品质和团结互助的集体精神
8	行进间双手胸前投篮	1. 学生通过学习,初步建立行进间双手胸前投篮的动作概念,了解行进间双手胸前投篮的脚步动作和要领,形成对篮球运动的兴趣 2. 学生通过学练,初步掌握行进间双手胸前投篮的技术动作,形成空间感觉和移动中的身体平衡感,发展速度、灵敏性、弹跳力等 3. 学生在学练的过程中享受篮球运动带来的乐趣,树立良好的团结协作精神,增强进取心和自信心
9	三步上篮	1. 通过学习,学生了解三步上篮的概念,认识到上篮技术在篮球运动中的重要性 2. 学生在练习的过程中,初步掌握三步上篮的基本步法,提高运球的熟练性及灵敏、协调等身体素质 3. 学生自主实践和探索,形成体现团结合作的体育精神。与同伴共同体验篮球运动带来的乐趣与成功的喜悦
10	投篮比赛	1. 学生通过学习,了解单手肩上投篮的发力顺序,激发对篮球比赛的兴趣 2. 学生通过投篮比赛,初步掌握投篮的技术动作,发展上下肢力量,提高灵敏性和协调性 3. 学生自主实践和探索,勇于创新,形成体现团结合作的体育精神。与同伴共同体验篮球运动带来的乐趣与成功的喜悦

第1课时　障碍运球

1. 常规积累

（1）篮球馆集合,检查着装,接受体委报告;（2）宣布本课教学内容和学习目标;（3）慢跑热身;（4）专项拉伸;（5）原地各种姿势的运球。

2. 过程推进

（1）绕障碍物运球。①练习方法:学生自由组合,在小组长的带领下将障碍物排列成直线或三角形,进行绕障碍运球(见图6-9)。②请学生按照讲解示范练习2次。③在练习的过程中,学生要合理利用左、右手,不要求快,要稳,尽量让球保持在自己的控制范围之内。

(2) 运球翻盘。①游戏方法:将球托放置成一条直线,边运球边将球托翻面,同时强调练习安全(见图6-10)。②要求掌握正确的运球姿势,把球运稳。一个来回的运球中,左右手都要运球和翻面。

图6-9　绕障碍物运球

图6-10　运球翻面

(3) 游戏:运球拼数字。①将学生分成四组,每组组员分别持球和球托站在指定区域内,当教师喊出数字时,组内成员运球将球托摆成相应的数字;②教师讲解、示范游戏方法并强调安全注意事项,同时做好裁判工作。

3. 拓展延伸

(1)教师组织学生集体或分组讨论、小结;(2)放松练习;(3)宣布下课。

◆ 第2课时　一对一运球过人 ◆

1. 常规积累

(1)操场集合,检查着装,安排见习生;(2)宣布本课教学内容和学习目标;(3)慢跑热身;(4)专项拉伸;(5)游戏:体验各种姿势的运球,教师引导学生做左右手交换运球和原地高低运球。

2. 过程推进

(1) 运球急停急起。①游戏方法:将学生分成人数相等的四路纵队,站在篮球场的底线处。教师哨响后一组四个人出发,遇到篮球场上的标志筒时迅速停下,原地运球两次后再次迅速起动(见图6-11)。②教师讲解示范动作要领后组织学生进行练习。

（2）用不同的姿势障碍运球。①教师示范讲解动作方法，并组织学生练习；②练习内容以体前变向为主，可以尝试转身或胯下；③将学生分成四路纵队，每组四人努力完成练习任务。

（3）半场攻防演练。①两人一组，每组间隔两米站在篮球场边线的一侧，一名学生持球，另一名学生防守，持球的学生从边线出发，用变向的方式突破防守队员到另一边边线，回来的时候交换球权（见图6-12）；②教师组织学生进行小组半场对抗赛，两人一组进行半场一对一比赛，再次讲解动作要领及技巧。

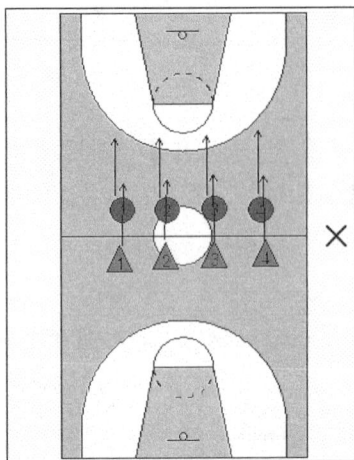

图6-11　运球急停急起

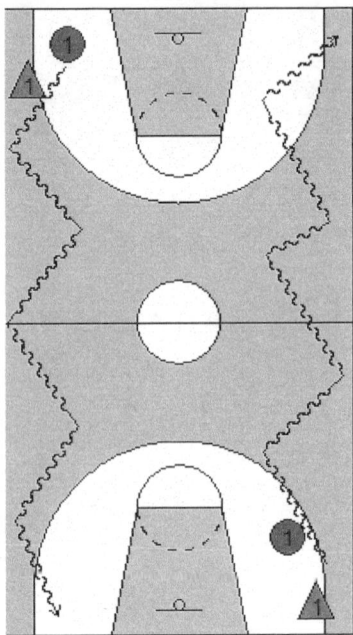

图6-12　半场攻防

3. 拓展延伸

（1）教师组织学生集体或分组讨论、小结；（2）放松练习；（3）宣布下课。

◆ 第3课时　变速变向运球（一）◆

1. 常规积累

（1）操场集合，检查着装，安排见习生；（2）宣布本课教学内容和学习目标；（3）慢跑热身；（4）专项拉伸；（5）游戏：体验各种姿势的运球，教师引导学生做左右手交换运球和原地高低运球。

2. 过程推进

（1）运球急停急起。①游戏方法：将学生分成人数相等的四路纵队，站在篮球场的底线处。教师哨响后一组四人出发，遇到篮球场上的标志筒时迅速停下，原地运球两次后再次迅速起动（见图6-13）。②教师示范讲解动作要领后组织学生进行练习。

（2）体前变向运球。①教师示范讲解练习方法后组织学生练习；②练习内容以单双手体前变向为主；③将学生分成四路纵队，每组四人努力完成练习任务。

（3）运球转身。①动作要领：右手自然向后带，手心朝上，自然下落，左手换运球状，自然衔接。此时以左脚为轴，右脚向后转，肩膀自然右转向后。注意重心放低，左手跟着拍球，左手一定要跟住右手压住球。②分组练习，教师个别指导。

图6-13   运球急停急起练习

3. 拓展延伸

（1）举腿1分钟每组，完成2组；（2）放松练习；（3）宣布下课。

第4课时   变速变向运球（二）

1. 常规积累

（1）操场集合，检查着装，安排见习生；（2）宣布本课教学内容和学习目标；（3）慢跑热身；（4）专项拉伸；（5）游戏：体验各种姿势的运球，教师引导学生做左右手交换运球和原地高低运球。

2. 过程推进

（1）复习运球急停急起。①练习方法：将学生分成人数相等的四路纵队，站在篮球场的底线处。教师哨响后一组四人出发，遇到篮球场上的标志筒时迅速停下,原地运球两次后再次迅速起动(见图6-14)。②教师复习动作要领后组织学生进行练习。熟练后可进行小组比赛,看哪一队先完成动作。

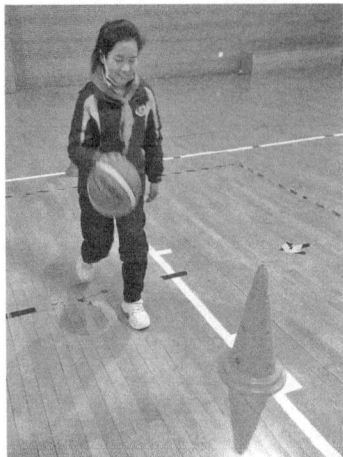

图6-14 运球急停急起

(2)"S"型路线体前变向运球。①教师示范讲解练习方法后组织学生练习;②练习内容以单双手体前变向为主;③将学生分为四路纵队,每组四人努力完成练习任务。

(3)复习运球转身。①练习方法:右手自然向后带,手心朝上,自然下落,左手换运球状,自然衔接。此时以左脚为轴,右脚向后转,肩膀自然右转向。注意重心放低,左手跟着拍球,左手一定要跟住右手压住球。②分组练习,直至熟练。

3. 拓展延伸

(1)举腿1分钟每组,完成2组;(2)放松练习;(3)宣布下课。

第5课时 传接球游戏

1. 常规积累

(1)操场集合,检查着装,安排见习生;(2)宣布本课教学内容和学习目标;(3)慢跑热身;(4)专项拉伸;(5)热身小游戏:运球贴烧饼。

2. 过程推进

(1)两人一组复习双手胸前传接球。①教师复习双手胸前传接球动作要领(见图6-15);②组织学生分散进行练习;③观察学生动作是否标准,并进行指导纠错。

(2)三角传球。①练习方法:将男、女生各分成人数相等的三组,各队小队长围成一个三角形,队员一路纵队站在队长身后。游戏开始,1号队员传给2号后跑到2号队尾,2号队员传给3号后跑到3号队尾,3号队员传给1号,跑到1号队尾(见图6-16)。②教师示范讲解游戏规则,指导学生试玩一次,游戏的过程中巡回指导,试玩后正式组织比赛。

图 6-15　双手胸前传接球

图 6-16　三角传球

3. 拓展延伸

(1)立卧撑 30 个每组,完成 2 组;(2)放松练习;(3)宣布下课。

第6课时　传接球上篮

1. 常规积累

(1)操场集合,检查着装,安排见习生;(2)宣布本课教学内容和学习目标;(3)慢跑热身;(4)专项拉伸;(5)热身小游戏:运球贴烧饼。

2. 过程推进

(1) 复习原地传接球动作。①动作要领:持球时,两手五指自然分开,拇指相对成八字形,用指根以上部位握球的侧后方,手心空出,两肘自然弯曲于体侧,将球置于胸前。肩、臂、腕肌肉放松,两眼注视传球目标,身体成基本姿势。传球时,后脚蹬地,身体重心前移,同时两臂前伸,手腕由下向上翻转,同时拇指用力下压,食、中指用力弹拨,将球传出。②动作难点:蹬(地)、伸(臂)、翻(腕)、抖(腕)、拨(指)、动作协调连贯,双手用力均匀。③动作重点:出球后手心和拇指向下,其余手指向前。④组织学生原地模仿动作练习,强调要点。⑤组织学生分散进行练习,观察学生动作是否标准,并进行指导纠错。

(2) 原地传接球练习。①组织学生两人一组散点练习(见图 6-17);②教师巡回纠错,并进行个别指导。

(3) 行进间上篮传球练习。①组织学生两人一组站在篮球场边线,示范讲解行进间传球上篮的动作要领(见图 6-18)。②组织学生练习,巡回纠错,并进行个别指导。③寻找积累优秀教学资源,示范讲解。

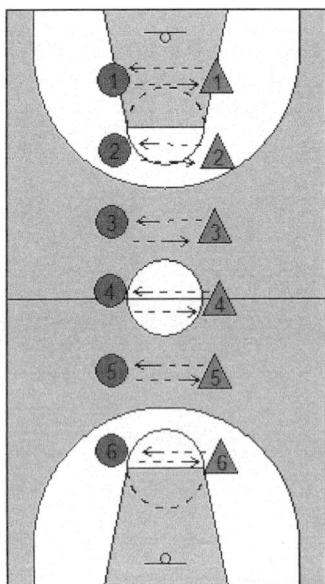

图 6-17　双手胸前传接球　　　　图 6-18　行进间上篮传球练习

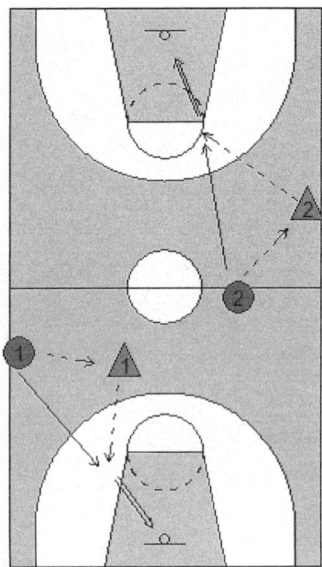

3. 拓展延伸

(1)立卧撑 30 个每组,完成 2 组;(2)放松练习;(3)宣布下课。

第7课时　行进间单手肩上投篮

1. 常规积累

(1) 操场集合,检查着装,安排见习生。

(2) 宣布本课教学内容和学习目标。

(3) 慢跑热身。

(4) 专项拉伸。

(5) 球操:①原地高、低运球;②手指拨球;③抛接球;④持球绕环腰、膝;⑤胯下绕"8"字;⑥复习原地单手肩上投篮。

2. 过程推进

(1) 行进间单手肩上投篮。①动作要领:以右手投篮为例,左脚前、右脚后站立,抱球于腰腹间,进行行进间单手肩上投篮练习。②上一步单脚跳单手肩上投篮。③上两步单脚跳单手肩上投篮。④自抛自接单手肩上投篮。⑤运球一次接单手肩上投篮。⑥运球二次接单手肩上投篮。⑦熟练的同学可尝试多次运球接单手肩上投篮。⑧教师组织学生进行分组练习。

（2）趣味接力。①练习方法：第一人在目标处接球,第二人用篮球击打目标并快速跑到目标处（扶好目标）,第一人接球快速运球到起点,并将球交给第三人,以此类推（见图6-19）。②教师示范,引导学生进行分组练习。③教师巡回纠错,并进行个别指导。

3. 拓展延伸

（1）定距传球50次；（2）放松练习；（3）宣布下课。

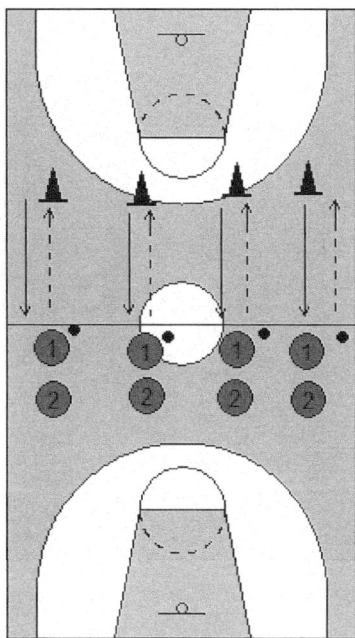

图6-19 趣味接力

◆ 第8课时 行进间双手胸前投篮 ◆

1. 常规积累

（1）操场集合,检查着装,安排见习生；（2）宣布本课教学内容和学习目标；（3）慢跑热身；（4）专项拉伸；（5）球操。

2. 过程推进

（1）行进间双手胸前投篮。①动作要领：以右手投篮为例,左脚前、右脚后站立,抱球于腰腹间,进行行进间双手胸前投篮练习。②上一步单脚跳双手胸前投篮。③上两步单脚跳双手胸前投篮。④自抛自接双手胸前投篮。⑤运球一次接双手胸前投篮。⑥运球二次接双手胸前投篮。⑦熟练的同学可尝试多次运球接双手肩上投篮。⑧教师组织学生分组练习。

（2）趣味接力。①练习方法：第一人在目标处接球,第二人用篮球击打目标并快速跑到目标处（扶好目标）,第一人接球快速运球到起点,并将球交给第三人,以此类推（见图6-20）。②教师示范讲解,引导学生分组练习。③教师巡回纠错,并进行个别指导。

图 6-20　趣味接力

3. 拓展延伸

(1)原地对传比快;(2)放松练习;(3)宣布下课。

第9课时　三步上篮

1. 常规积累

(1)操场集合,检查着装,安排见习生;(2)宣布本课教学内容和学习目标;(3)慢跑热身;(4)专项拉伸;(5)球操。

2. 过程推进

(1)原地持球和行进间三步上篮。①动作要领:可用"一大、二小、三跳"六个字进行概括。以右手单手高手投篮为例,右脚跨出一大步的同时接球(即"一大");接着左脚跨出一小步并用力蹬地起跳(即"二小");然后右腿屈膝上抬,同时举球至头右侧上方,腾空后,当身体接近最高点时,右臂向前上方伸出,手腕前屈,食、中指用力拨球,通过指端将球投出(即"三跳"),与此同时,两脚同时落地,"三步上篮"动作完成。②组织学生进行无球分解练习。③组织学生进行持球练习。④分组练习。

(2)传接球三步上篮练习(见图 6-21)。①动作要领:练习时各小队排成一路纵队站于三分线外侧,无球跑动向内线切入,小组长负责传球,队员接到球后三步上篮,然后将球回传给队长,依次进行。

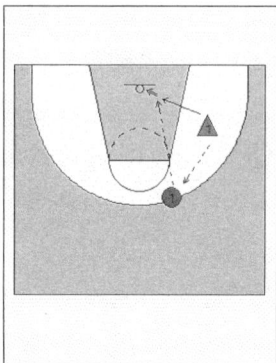

图 6-21　传接球三步上篮

②教师让小组长先进行示范,再引导学生分组练习。③教师巡回纠错,并进行个别指导。

3. 拓展延伸

(1)原地对传比快;(2)放松练习;(3)宣布下课。

◆ **第10课时　投篮比赛** ◆

1. 常规积累

(1)操场集合,检查着装,安排见习生;(2)宣布本课教学内容和学习目标;(3)慢跑热身;(4)专项拉伸;(5)游戏:头上胯下传球接力。

2. 过程推进

(1) 游戏:头上胯下传球接力。①练习方法:将学生分成人数相等的四路纵队,每队排头同学持球,听到哨音后,持球人将球举过头顶传给第二名同学,第二名同学接球后从胯下传给下一名同学,依次进行,最后一名同学接球后把球运回排头,再次从头开始往后头上胯下传球,直至排头同学再次运球回到原来位置,用时最短的队伍获胜。②请一队学生先做示范,再组织所有学生开始练习。③组织学生进行原地抛接球练习。要求学生遵守规则,保持适当间距,注意安全,高度控制在头顶上方 1 米。④练习结束,教师对完成效果进行评价并纠错。⑤教师请学校篮球队中完成较好的同学进行展示。

(2) 原地单手肩上投篮。①动作要领:两脚前后或左右开立,膝关节微屈,五指自然分开,指根以上持球,肘关节朝前,屈肘翻腕,置球于右肩前。投篮时,蹬地展体,右臂向前上方抬肘伸臂,压腕拨球。②组织学生在罚球线进行投篮练习。要求学生遵守规则,保持适当间距,注意安全,投篮后积极抢篮板,排至队尾。③练习结束,教师对完成效果进行评价并纠错。④教师请学校篮球队中完成较好的同学进行展示。

(3) 三步上篮比赛(见图6-22)。①比赛规则:以半个篮球场为场地,距中线 10 米处放一个标志物。学生分成人数相等的两组,每组一个球,一半学生站在中线,一半学生站在罚球线处。中线同学运球至标志物,传球给站在罚球线处的同伴,该同学用原地单手肩上投篮动作把球投入篮筐(三次投篮机会,投中一次即结束)。投完篮后再运球到中线,把球传给下一位同学,以此类推,直到最后一位同学完成,用时最少的队获胜。②教师组织学生比赛。

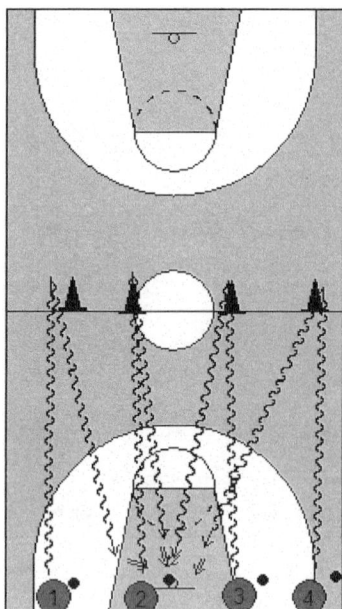

图 6－22　三步上篮比赛

3. 拓展延伸

(1)原地向上投篮 40 次;(2)放松练习;(3)宣布下课。

第四节　篮球战术

五年级篮球体能篇共 4 学时,主要内容包括挡拆战术(半场演练)、突分战术(半场演练),详见表 6－4。

表 6－4　五年级篮球战术教案

序号	教学内容	教学目标
1	挡拆战术练习(一)	1. 学生在游戏过程中初步掌握基本的篮球战术:挡拆战术 2. 学生在游戏与练习的过程中,初步掌握战术配合,具有进攻能力,培养团结协作的意识,发展灵敏、速度和反应能力 3. 通过学练,培养学生良好的人际关系及合作精神,激发学生的创造思维

（续表）

序号	教学内容	教学目标
2	挡拆战术练习（二）	1. 学生在游戏过程中掌握基本的篮球战术:挡拆战术 2. 学生在游戏与练习的过程中,掌握战术配合,提高进攻能力,培养团结协作的意识,发展灵敏、速度和反应能力 3. 通过学练,培养学生良好的人际关系及合作精神,激发学生的创造思维
3	突分战术练习（一）	1. 学生在游戏过程中初步掌握篮球基本战术中突分战术的动作要点和概念,进一步建立队员之间战术配合的意识 2. 学生在游戏与练习的过程中,对篮球运动产生兴趣,体会篮球运动的快乐,培养团结协作的意识 3. 提高个人技术,全面发展学生的身体素质和协调性
4	突分战术练习（二）	1. 学生在游戏过程中掌握篮球战术中的突分战术的动作要点和概念,进一步建立队员之间战术配合的意识 2. 学生在游戏与练习的过程中,加深对篮球运动的兴趣,体会篮球运动的快乐,培养相互配合、互帮互助的协作精神 3. 提高个人技术,全面发展学生的身体素质和协调性

第1课时　挡拆战术练习（一）

1. 常规积累

（1）操场集合,检查着装,安排见习生;（2）宣布本课教学内容和学习目标;（3）慢跑热身;（4）专项拉伸;（5）游戏:运球斗牛。

2. 过程推进

（1）挡拆战术练习。①教师讲解挡拆战术的目的:掩护队员站在同伴防守者的侧面,用身体挡住防守者向前移动的路线,使同伴借机摆脱防守,移动到有利位置,从而接球进行进攻。②学生观看幻灯片,明确跑动路线和每个环节的注意事项。③教师组织学生进行模仿练习。请一队学生先做示范,再引导全体学生分组开始练习。④组织学生进行原地抛接球练习。要求学生遵守规则,保持适当间距,注意安全,高度控制在头顶上方1米。⑤练习结束,教师对完成效果进行评价并纠错。⑥教师请学校篮球队中完成较好的同学进行展示。

（2）标志杆挡拆。①练习方法:将学生分为人数均等的8组,每组放置一根标志杆,挡拆同学传球后站在标志杆右侧,接球同学向左做一个假动作后,从挡拆同学右侧运球突破。突破之后,持球同学传球给排队的同学,挡拆同学归队,原持球同学为下一位同学挡拆,依次轮换(见图6-23)。②教师组织学生进行练习,并明确游戏规则。③教师纠错,并加以评价。

(3)标志杆挡拆练习。①教师复习标志杆挡拆的动作要领;②教师组织学生进行练习,纠正错误动作;③教师宣布练习结果,并加以评价。

(4)消极防守挡拆。①练习方法:消极防守,四人一组,A1传球给A2并摆脱B1防守给A2作掩护,挡在防守队员B2的侧方,让A2成功突破上篮,B1再拿球,攻守双方互换再练习一次,然后换下一组练习(见图6-24)。②教师组织学生进行练习,并明确游戏规则。③教师宣布练习结果,并加以评价。

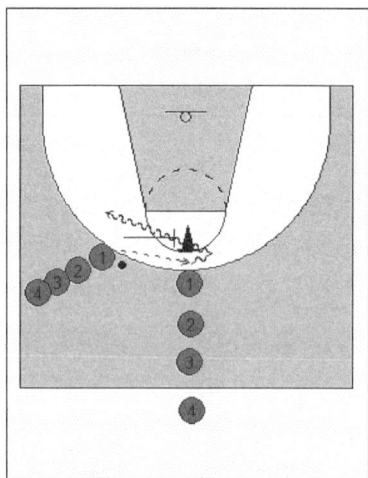

图6-23 挡拆战术练习

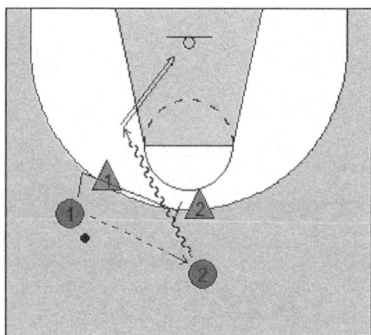

图6-24 消极防守挡拆战术

3. 拓展延伸

(1)两人一组,进行无球挡拆练习;(2)放松练习。

◆ 第2课时 挡拆战术练习(二) ◆

1. 常规积累

(1)操场集合,检查着装,安排见习生;(2)宣布本课教学内容和学习目标;

（3）慢跑热身；（4）专项拉伸；（5）游戏：运球斗牛。

2. 过程推进

（1）复习挡拆战术。①教师请学校篮球队中完成较好的同学进行展示。②观看幻灯片，明确跑动路线以及每个环节的注意事项，组织学生进行模仿练习。③请一队学生先做示范，再引导全体学生进行练习。④组织学生进行原地抛接球练习。要求学生遵守规则，保持适当间距，注意安全，高度控制在头顶上方 1 米。⑤练习结束，教师对完成效果进行评价。

（2）标志杆挡拆。①复习练习方法：将学生分为人数均等的 8 组，每组放置一个标志杆，挡拆同学传球后站在标志杆右侧，接球同学向左做一个假动作后从挡拆同学右侧运球突破。突破之后，持球同学传球给排队的同学，挡拆同学归队，原持球同学为下一位同学挡拆，依次轮换（见图 6 - 25）。②教师组织学生实战练习，并明确游戏规则。③教师总结练习效果，并加以评价。

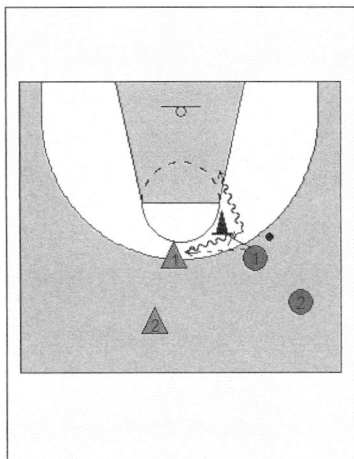

图 6 - 25 实战挡拆战术

（3）标志杆挡拆比赛。①复习标志杆挡拆动作要领，组织学生进行比赛，练习方法不变，哪一组最先完成全部练习则获胜；②教师组织学生进行练习，纠正错误动作；③教师宣布比赛结果，并加以评价。

（4）积极防守挡拆。①四人一组，防守队员积极防守挡拆的前提下，A1 传球给 A2 并快速摆脱 B1 防守，给 A2 作掩护，挡在防守队员 B2 的侧方，让 A2 成功突破上篮，B1 再拿球。攻守双方互换再练习一次，然后换下一组练习（见图 6 - 26）。②教师组织学生进行练习，并明确游戏规则。③教师宣布练习结果，并加以评价。

3. 拓展延伸

（1）两人一组，进行无球挡拆练习；（2）放松练习。

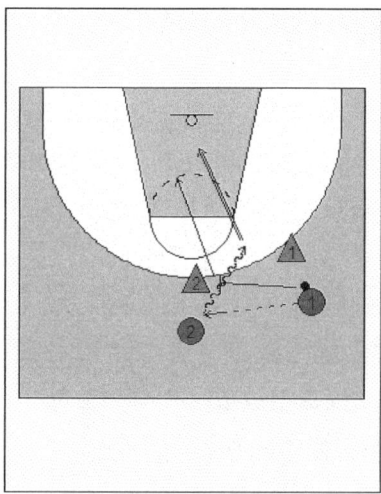

图 6-26　积极防守挡拆战术

◆ **第3课时　突分战术练习(一)** ◆

1. 常规积累

(1)操场集合,检查着装,安排见习生;(2)宣布本课教学内容和学习目标;(3)慢跑热身;(4)专项拉伸;(5)运球游戏。

2. 过程推进

(1) 运球突破。①练习方法:在罚球线附近放置一根标志杆,持球同学从中场出发,运球到三分线处从标志杆左侧突破,运球到篮下。突破要有"三威胁"动作,即"传、运、投",要有转体、探肩和蹬地动作。②教师组织学生进行分组练习(见图 6-27)。③教师宣布练习结果并加以评价。

(2) 突破传球。①练习方法:两人一组,在练习运球突破的基础上,放置另一个标志杆在禁区右侧的任意位置,持球同学突破标志杆后,传球给绕过标志杆来到篮筐左下的另一名同学,依次轮换(见图 6-28)。②教师组织学生进行练习,并明确游戏规则。③教师宣布练习结果并加以评价。

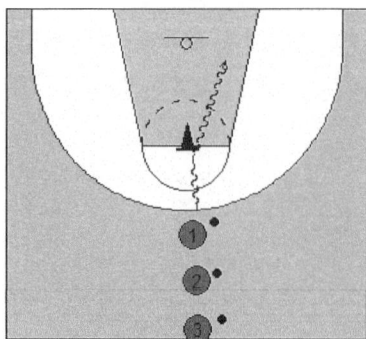

图 6-27　运球突破

（3）突破传球加上篮。①练习方法：在练习突破传球的基础上，两名同学一组，持球同学从中场运球，突破标志杆后传球给篮下的同学，篮下的同学接到球后直接上篮（见图6-29）。②教师组织学生进行练习，并明确游戏规则。③教师宣布练习结果，并加以评价。

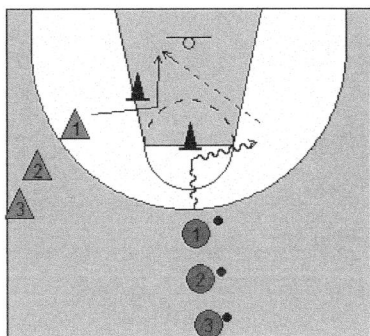

图6-28　突破传球示意

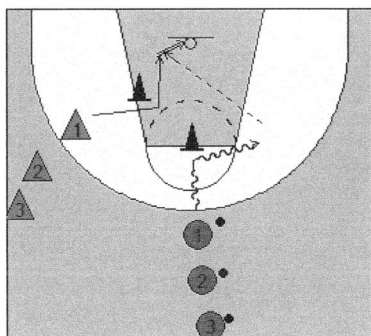

图6-29　突破传球加上篮

3. 拓展延伸

（1）两人一组，进行"推小车"游戏；（2）放松练习。

◆◆◆◆◆ **第4课时　突分战术练习（二）** ◆◆◆◆◆

1. 常规积累

（1）操场集合，检查着装，安排见习生；（2）宣布本课教学内容和学习目标；（3）慢跑热身；（4）专项拉伸；（5）运球游戏。

2. 过程推进

（1）复习运球突破。①学生两人一组，防守同学消极防守，在半场内进行运球突破练习，要求突破时有探肩、转体、蹬地动作；②教师组织学生进行练习，并明确游戏规则；③教师宣布练习结果，并加以评价。

（2）突破传球上篮（见图6-30）。①四名同学 A、B、C、D 为一组，C、D 消极防守，A 持球摆脱，C 向篮下运球突破，当 D 上前补防时，将球分给移向空位的 B，B 接球投

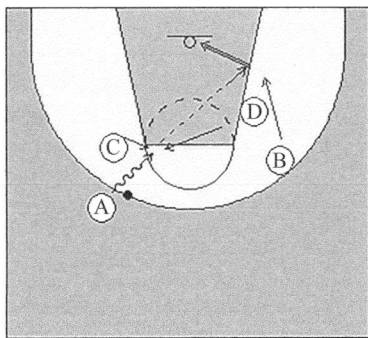

图6-30　实战突破传球上篮

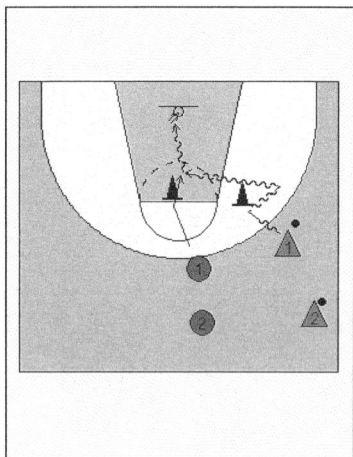

图 6-31 实战突破传球上篮

篮。C、D 抢篮板球回传给下一位同学。②教师组织学生进行练习,并明确游戏规则。③教师宣布练习结果,并加以评价。

(3)突破传球上篮实战。①练习方法:两人一组,持球同学从中场运球,突破标志杆后传球给篮下的同学,篮下的同学接到球后直接上篮(见图 6-31)。②教师组织学生进行练习,并明确游戏规则;③教师宣布练习结果,并加以评价。

3. 拓展延伸

(1)游戏:"推小车";(2)放松练习。

第五节　篮球体能

五年级篮球体能篇共 6 学时,内容包含综合素质、反应练习、力量练习、速度练习、弹跳练习、柔韧练习等,详见表 6-5。

表 6-5　五年级篮球体能教案

序号	教学内容	教　学　目　标
1	反应练习(一)	1. 学生在游戏过程中初步掌握锻炼反应能力的技巧与方法 2. 学生在游戏与练习的过程中,发展灵敏、速度等素质,提高协调性及快速反应能力 3. 通过学练,学生自主实践和探索,初步形成团结合作的体育精神,与同伴共同体验篮球运动带来的乐趣与成功的喜悦
2	反应练习(二)	1. 学生在游戏过程中掌握锻炼反应能力的技巧与方法 2. 学生在游戏与练习的过程中,发展灵敏、速度等素质,提高协调性及快速反应能力 3. 通过学练,学生自主实践和探索,形成团结合作的体育精神,与同伴共同体验篮球运动带来的乐趣与成功的喜悦
3	力量练习	1. 学生在游戏过程中学会锻炼上下肢与腰腹力量的技巧和方法,保持积极参与体育活动的热情 2. 学生在游戏与练习的过程中,提高上下肢与腰腹力量,发展灵敏、协调和力量素质

(续表)

序号	教学内容	教学目标
		3. 培养学生乐观开朗、积极进取、勇于挑战的优良品质,鼓励他们主动与同伴协作,敢于表现自己
4	速度练习	1. 学生在游戏过程中初步掌握提升速度的技巧与方法 2. 学生在游戏与练习的过程中,发展速度素质,提高下肢力量、身体协调性及快速跑动的能力 3. 培养学生挑战困难、顽强拼搏的精神和合作竞争的意识
5	弹跳练习	1. 学生在游戏过程中学会更多锻炼弹跳素质的技巧与方法 2. 学生在游戏与练习的过程中,发展腰腹及下肢力量,提高快速起跳的能力和身体协调性 3. 培养学生团结协作的精神,体验弹跳练习带来的乐趣和成功的喜悦
6	柔韧练习	1. 学生在游戏过程中学会更多锻炼柔韧素质的技巧与方法 2. 在游戏与练习的过程中,提高关节的柔性性,发展学生的协调、柔韧等身体素质,培养学生的自信心和积极、乐观、向上的健康心理 3. 通过学练,培养学生克服困难的坚强意志和良好品质,与同伴协同合作,体验篮球运动带来的乐趣与成功的喜悦

第1课时　反应练习(一)

1. 常规积累

(1)操场集合,检查着装,安排见习生;(2)师生问好;(3)宣布本课教学内容和学习目标;(4)运球游戏:在场地中运球慢跑,听教师指令,完成击掌、转圈、并排跑等合作练习。

2. 过程推进。

(1)抢位置游戏(见图6-32)。

①游戏方法:在场地上预先设置几个橡胶垫,听到教师发令后立即运球向垫子跑去,最先到达垫子完成运球任务的人获胜,输的人接收惩罚,原地运球20次。②在篮球场边线上慢跑,在距离边线2米处设置垫子,垫子的

图6-32　抢位置

数量少于游戏参与人数。

（2）一对一面对面抢落地球。①游戏方法：三名同学一组，两名同学面对面，距离一米，第三名同学在两人中间将球垂直放下，当球落地后，两名同学开始抢球，先抢到者获胜，输的人与放球的同学轮换（见图6-33）。②教师组织学生进行游戏，并明确游戏规则。③教师宣布游戏结果，并加以评价。

图6-33 一对一面对面抢落地球

图6-34 报号接球

（3）报号接球。①游戏方法：10人一组，分四组，以一组为例，10名同学手拉手围成一圈，选从任意一个人开始报数，每人所报的号数作为自己的代号。由1号进圈向上方抛球并同时报出一个数字，选该数字为代号的同学迅速跑到圈中接球，并再次向上抛出，同时报出另一个数字，以此类推。如果抛出的球没有人接住并落在圈外，抛球者接受惩罚，如果落在圈内，则被喊号者接受惩罚（见图6-34）。②教师组织学生进行练习，并明确游戏规则。③游戏结束，教师进行点评。

3. 拓展延伸

(1)游戏："推小车"；(2)放松练习；(3)宣布下课。

第2课时　反应练习(二)

1. 常规积累

(1)操场集合，检查着装，安排见习生；(2)师生问好；(3)宣布本课教学内容和学习目标；(4)运球游戏：在场地中自由运球慢跑，听教师指令，完成击掌、转圈、并排跑等合作练习。

2. 过程推进

(1)听哨音前后运球（见图6-35）。①游戏方法：听哨音，一声短哨向前运球,二声短哨向后运球,长哨原地运球。②教师组织学生进行游戏,并明确游戏规则。③教师宣布游戏结果,并加以评价。

(2) 一对一背对背听口令抢落地球。①游戏方法:3 人一组,2 人背对背间距 1 米站立,第三人于两人中间将球垂直落下,并发令"抢"。听到口令后,两人迅速转身抢球,先抢到者获胜(见图 6 - 36)。②教师组织学生进行游戏,并明确游戏规则。③教师宣布游戏结果,并加以评价。

图 6 - 35　听哨音前后运球

图 6 - 36　一对一背对背听口令抢落地球

(3) 报号(加减法)接球。①游戏方法:10 人一组,分四组。以一组为例,10名同学手拉手围成一圈,选从任意一个人开始报数。每人所报的号数作为自己的代号。由 1 号进圈向上方抛球并同时报出一个数字,选该数字(加减法后的数字)为代号的同学迅速跑到圈中接球,并再次向上抛出,同时报出另一个数字,以此类推。如果抛出的球没有人接住并落在圈外,抛球者接受惩罚,如果落在圈内,则被喊号者接受惩罚。②教师组织学生进行练习,并明确游戏规则。③教师宣布游戏结果,并加以评价。

3. 拓展延伸

(1)游戏:"推小车";(2)放松练习;(3)宣布下课。

◆ **第 3 课时　力量练习** ◆

1. 常规积累

(1)操场集合,检查着装,安排见习生;(2)师生问好;(3)宣布本课教学内容和学习目标;(4)运球游戏:在场地中自由运球慢跑,听教师指令,完成击掌、转圈、并排跑等合作练习。

2. 过程推进

(1) 游戏:"长江黄河"(见图 6 - 37)。把学生分为人数相等的两队,成横排列于球场中线两侧,并指定其中一队为"长江",另一队为"黄河"。游戏以下列任一种方式进行。①教师高声报出"长江"或"黄河",被报到号的队立即起动追拍未被报号的对方;或反过来,未被报号的队立即起动追拍被报号的队。②教师用长、短哨声为信号,约定双方的代表哨声。教师鸣哨后,学生根据哨声做出判断并立即起动追拍对方。最终"惩罚"游戏失败的同学完成深蹲 20个,获胜的同学负责监督。教师组织学生进行游戏,宣布游戏结果,并加以评价。

(2) 游戏:"拖拉机"(见图 6 - 38)。①游戏方法:两人一组,一人双手撑地,另一人抬起前面同学的脚,两人配合往前爬。②教师组织学生进行游戏,并明确游戏规则。③教师宣布游戏结果,并加以评价。

图 6 - 37 "长江黄河"游戏   图 6 - 38 "拖拉机"游戏

(3) 仰卧起坐谁最快。①游戏方法:两人一组 30 个仰卧起坐,做完快速交换另一名同学做,先做完的一组获胜。②教师组织学生进行练习,并明确游戏规则。③游戏结束,教师进行点评。

3. 拓展延伸

(1)游戏:"推小车";(2)放松练习;(3)宣布下课。

第4课时　速度练习

1. 常规积累

（1）操场集合，检查着装，安排见习生；（2）师生问好；（3）宣布本课教学内容和学习目标；（4）球操练习。

2. 过程推进

（1）"长江黄河"游戏（见图 6 - 39）。游戏方法：把学生分为人数相等的两队，成横排列于球场中线两侧，并指定其中一队为"长江"，另一队为"黄河"。游戏可以下列任一种方式进行。①教师高声报出"长江"或"黄河"，被报号的队立即起动追拍未被报号的对方；或反过来，未被报号的队立即起动追拍被报号的队。②教

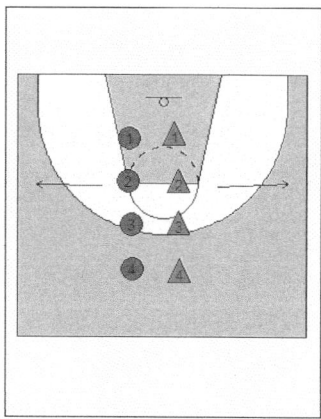

图 6 - 39　游戏"长江黄河"

师用长、短哨声为信号，约定双方的代表哨声。教师鸣哨后，学生根据哨声做出判断并立即起动追拍对方。教师"惩罚"游戏失败的同学完成深蹲 20 个，获胜的同学负责监督。教师组织学生进行游戏，宣布游戏结果，并加以评价。

（2）游戏："贴烧饼"。①游戏方法：全班同学围成一圈，两名同学在圈外跑与追，跑的同学可以站到圈上同学的前面进行替换，追的同学如果抓到跑的同学，两人交换（见图 6 - 40）。②教师组织学生进行游戏，并明确游戏规则。③教师宣布游戏结果，并加以评价。

图 6 - 40　"贴烧饼"游戏

（3）快速跑比赛。①游戏方法：8 人一组，分 6 组进行全场跑步比赛。比赛两次，前后 6 人为一组，进行半场往返跑接力比赛。②教师组织学生进行练习，并明确游戏规则。③游戏结束，教师进行点评。

3. 拓展延伸

(1)游戏:"推小车";(2)放松练习;(3)宣布下课。

◆ **第5课时　弹跳练习** ◆

1. 常规积累

(1)操场集合,检查着装,安排见习生;(2)师生问好;(3)宣布本课教学内容和学习目标;(4)跳跃游戏:体验各种姿势的跳跃,引出起跳摸高练习。

2. 过程推进

(1)"袋鼠跳"游戏。①游戏方法:把低矮障碍按照距离摆放好,学生尝试用双脚起跳的方式跳跃。②教师组织学生进行游戏,并明确游戏规则。③教师宣布游戏结果,并加以评价。

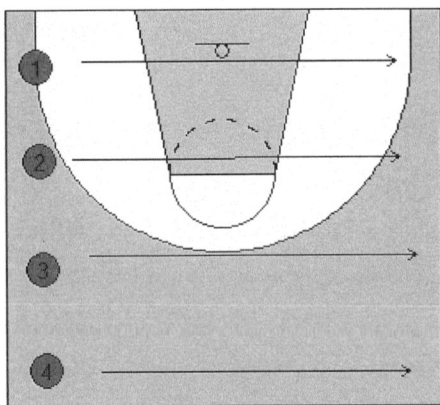

图6-41　单脚跳

(2)单脚跳。①游戏方法:篮球场上,间距14米,半场进行单脚跳,中间不得换腿,左腿与右腿各练两组,看谁跳得快、远且次数少(见图6-41)。②教师组织学生进行游戏,并明确游戏规则。③教师宣布游戏结果,并加以评价。

(3)三步上篮起跳摸高。①游戏方法:采用自制器材,在篮筐或高的架子上放下绳子,绳子上固定一个布娃娃,调节好不同高度,学生测算好距离,采用三步上篮的方式进行助跑摸高。②教师组织学生进行练习,并明确游戏规则。③游戏结束,教师进行点评。

3. 拓展延伸

(1)游戏:"推小车";(2)放松练习;(3)宣布下课。

◆ **第6课时　柔韧练习** ◆

1. 常规积累

(1)操场集合,检查着装,安排见习生;(2)师生问好;(3)宣布本课教学内容和学习目标;(4)快乐舞步(韵律舞)。

2. 过程推进

(1) 站立正面压腿。①游戏方法:单脚站立,另一条腿挂在栏杆上,脚尖朝前,身体转正。每条腿向前下压 10 次,最后一次压住定 10 秒。②教师组织学生进行游戏,并明确游戏规则。③教师宣布游戏结果,并加以评价。

(2) 站立侧面压腿。①游戏方法:单脚站立,另一条腿挂在栏杆上,站立的腿脚尖朝侧面,身体侧面站立。每条腿向侧面下压 10 次,最后一次压住定 10 秒。②教师组织学生进行游戏,并明确游戏规则。③教师宣布游戏结果,并加以评价。

(3) 劈叉体验。①游戏方法:分四个大组先进行组内选拔,选出劈叉最厉害的两位同学,然后八个人代表各自的小组进行展示、比赛。②教师组织学生进行练习,并明确游戏规则。③游戏结束,教师进行点评。

3. 拓展延伸

(1)游戏:划拳接力;(2)放松练习;(3)宣布下课。

第七章　六年级教学设计

六年级教学设计共分为篮球理论、篮球体验、篮球技术、篮球战术、篮球体能五大模块。

第一节　篮球理论

本节主要对篮球场上犯规及判罚,以及脚扭伤、摔伤等常见运动损伤的预防和处理进行介绍,促进学生认知,共2学时,详见表7-1。

表7-1　六年级篮球理论教案

序号	教学内容	教学目标
1	篮球比赛中裁判判罚、学生执裁	1. 学生通过教师讲解看懂篮球违例、犯规并作出正确判罚 2. 学生在自主合作练习中学会合作与评价,体验篮球运动带来的乐趣和成功的喜悦 3. 学生通过执裁,克服胆怯心理,形成坚强的意志品质
2	篮球比赛中常见运动损伤的预防和处理	1. 学生通过教师讲解了解常见的篮球运动损伤,并将所学应用到实践中 2. 学生通过康复实践,掌握简单运动损伤的处理方法 3. 学生通过对简单损伤的处理、体验,形成良好的心理素质,克服胆怯心理,增强保护身体的意识和责任感

具体分课时实施如下。

◆ 第1课时　篮球比赛中裁判判罚、学生执裁 ◆

1. 常规积累

(1)集合整队;(2)师生问好;(3)宣布本课教学内容和学习目标。

2. 导入新课

（1）违例。违例指违反规则的行为，但未造成犯规。因而对违例的处罚与犯规也不同，违例只是失去控球权。

（2）犯规。犯规指队员在比赛中违反规则的行为，含有与对方队员的身体接触或违反体育道德的举止。

侵人犯规是队员与对方队员的接触犯规。无论球是活球还是死球，队员均不应通过伸展其手、臂、肘、肩、髋、腿、膝或脚来拉、阻挡、推、撞、绊，阻止对方队员行进；不应将其身体弯曲成"反常的"姿势（超出其圆柱体）；也不应放纵任何粗野或猛烈的动作。否则，视为侵人犯规。

技术犯规指除与对方队员接触的犯规外的所有犯规。队员不得漠视裁判员的劝告或运用不正当的行为。当有队员犯规后，裁判会作出手掌与手掌交叉成 T 形，并举过头顶的动作来示意。

违反体育道德的犯规。根据裁判员的判断，若一名队员不是在规则规定的范围内合法地去抢球，发生的接触犯规视为违反体育道德的犯规。

关于犯规后罚球次数的规定。如果被犯规影响的队员未做投篮动作，则判给两次罚球；如果被犯规影响的队员正在做投篮动作，投中，判得分并加判给一次罚球。未投中，则根据投篮的地点，判给两次或三次罚球。

（3）观看比赛。

①教师播放篮球比赛，并讲解比赛中的裁判手势，学生模仿练习；②教师提问学生相关裁判手势的意思，并结合比赛给出相关手势；③教师讲解裁判相关注意事项以及要求；④组织学生担任裁判工作（见图 7-1）；⑤总结反思。

3. 拓展延伸

（1）课后搜集更多的违例判罚及手势；（2）小结本课；（3）师生再见。

图 7-1　组织学生执裁

第2课时 篮球比赛中常见运动损伤的预防和处理

1. 常规积累

(1)集合整队;(2)师生问好;(3)宣布本课教学内容和学习目标。

2. 导入新课

(1) 运动损伤。体育运动中,造成人体组织或器官在解剖上的破坏或生理上的紊乱,称为运动损伤。

(2) 常见的运动损伤。

① 髌骨软骨病("篮球膝")。

症状:膝部疼痛、酸软、上下楼梯痛,起跳、滑步和急停等半蹲姿势疼痛加剧、猛力跳起上篮和落地时刺痛。

预防:加强股四头肌、股内侧肌群的锻炼。使用护膝,加强膝盖处肌肉组织的力量,尽量避免剧烈的冲撞。

处理:倘若受到强烈的打击、撞伤,治疗方法视其情形而定,严重者需动手术。

② 踝关节损伤。

症状:踝关节是韧带扭伤的易发部位。如果是踝关节轻度扭伤,表现为关节疼痛和局部肿胀。如果踝关节有明显的韧带撕裂,疼痛会更严重。重者还可伴有腱断裂和骨折。

预防:要强化踝周和踝肌肉、韧带的力量训练。同时,选择舒适的运动鞋或将柔软的海绵垫在脚跟下,避免在坚硬的场地进行长时间运动。

处理:将患部冷敷,施加适当的压力。注意冷敷时只可用冰水,加压时则先垫以海绵,从海绵上方用具有弹性的绷带包扎。

③ 手指戳伤。

症状:因篮球冲击手指形成的"萝卜干",出现手指变形、肿痛。

预防:运动前要充分做好手指的准备运动,如压指、绕指等或用胶布对指关节进行加固。

处理:如果皮肤没有伤口,要尽快进行冰敷,缓解疼痛感和减轻肿胀。如果指间关节发生了错位,需要马上去医院检查,避免加重损伤。

3. 拓展延伸

(1)课后搜集更多运动损伤的应急处理与康复;(2)小结本课;(3)师生再见。

第二节 篮球体验

篮球体验主要为游戏类活动,共 8 学时,在正式接触技术学习前进行游戏体验,主要内容包括速度竞赛游戏(四线往返、触线 10 次往返跑)、无球合作游戏(三角跑、往返"毛毛虫")、单人有球游戏(球性练习、运球一对一)、多人有球合作游戏(攻占"营门"、换球互追),详见表 7-2。

表 7-2 六年级篮球体验教案

序号	教学内容	教学目标
1	四线往返	1. 学生通过练习,掌握四线折返的动作要领 2. 学生通过四线折返练习,提高快速奔跑的能力。在折返过程中体会转体动作,发展灵敏、协调性等素质 3. 学生通过学习,培养不怕困难、迎难而上的精神和团结竞争意识
2	触线 10 次往返跑	1. 学生通过折返跑比赛,激发对体育的兴趣,培养积极参加体育活动的态度和行为 2. 学生通过学习,掌握触线往返跑的动作要领,培养快速奔跑能力和触物折返转身时的动作及反应能力 3. 通过往返跑练习,培养学生克服困难、团结协作的良好品质以及竞争意识,做到胜不骄败不馁
3	三角跑	1. 学生通过三角跑练习,掌握三角跑的动作技能 2. 学生通过三角跑练习,激发并保持运动兴趣,发展灵敏、协调、力量素质以及判断力,体验体育运动的情趣 3. 培养学生不怕困难、迎难而上的精神,以及团结协作品质和竞争意识
4	往返"毛毛虫"	1. 学生通过往返"毛毛虫"比赛,掌握篮球场上奔跑的动作要领 2. 学生通过学习,发展下肢力量和动作的协调性、平衡性。在自主练习中学会合作与评价,体验篮球运动的乐趣与成功的喜悦 3. 学生在学习中树立良好的意志品质,主动学习,敢于展示自己,形成与同伴密切配合、团结协作的集体主义精神

（续表）

序号	教学内容	教学目标
5	行进间球性练习、多人运球斗牛	1. 学生在行进中熟练地完成球性练习,增强球感,激发对篮球运动的兴趣 2. 学生通过练习规范运球动作,提高对球的控制和支配能力,发展灵敏、速度、耐力等身体素质 3. 学生在集体练习中,学会互相帮助,培养团结一致、密切配合的集体主义精神,激发学习的积极性和创造性
6	球性练习、运球一对一	1. 学生熟练地完成球性练习,增强球感,激发对篮球运动的兴趣 2. 学生通过运球练习,熟悉运球动作,提升对球的控制和支配能力,发展灵敏、速度、耐力等身体素质 3. 学生通过练习锻炼意志,增强团结协作精神,培养集体荣誉感
7	原地追拍跑、折返跑比赛	1. 学生通过练习,掌握原地追拍跑、折返跑动作要领,激发运动兴趣 2. 通过游戏练习,提高学生的反应、奔跑速度、动作的敏捷性和快速起动能力 3. 通过教学,培养学生顽强意志和勇于拼搏的精神,形成团结协作和竞争意识,体验篮球运动带来的乐趣与成功的喜悦
8	攻占"营门"、换球互追	1. 学生主动参与游戏练习,在反复练习中形成基本动作技能 2. 通过攻占"营门"、换球互追等比赛,提高学生的速度、灵活性和变向移动能力 3. 通过教学,培养学生团队意识和互助合作的精神,体验篮球运动带来的乐趣与成功的喜悦。

第1课时　四线往返

图7-2　四线往返跑

1. 常规积累

（1）篮球馆集合,检查着装,接受体委报告;（2）宣布本课教学内容和学习目标;（3）慢跑热身;（4）专项拉伸;（5）热身小游戏:拉网捕鱼。

2. 过程推进

四线往返跑。①游戏方法如图7-2所示,把学生分为人数相等的两队,成纵队站于球场中线两侧,教师发出口令后,每组第一名同学跑出,按规则触摸地上四条白线,然后跑回与第二名同学击掌,所有同学依次进行。先完成的组获胜。②教师组织学生进行四线往返游戏,要求学生遵守规则。③教师宣布游戏结果,并加以评价,对完成较好的小组进行表扬。

3. 拓展延伸

(1)举腿1分钟每组,完成共2组;(2)小结本课;(3)师生再见。

◆ 第2课时　触线10次往返跑 ◆

1. 常规积累

(1)篮球馆集合,检查着装,接受体委报告;(2)宣布本课教学内容和学习目标;(3)慢跑热身;(4)专项拉伸;(5)球操。

2. 过程推进

触线10次往返跑(见图7-3)。①把学生分为人数相等的两队。游戏开始后,两队排头同学立即起动,快跑到罚球线急停—转身—跑回原端线—急停—转身—快跑到中线—急停—转身—快跑返回原端线,并与同伴击掌,该队第二人按同样路线快跑,先完成队获胜。②教师组织学生进行四线往返游戏,要求学生遵守规则。③教师宣布游戏结果,并加以评价,对完成较好的小组进行表扬。④请完成较好的同学进行展示。

3. 拓展延伸

(1)举腿1分钟每组,完成2组;(2)小结本课;(3)师生再见。

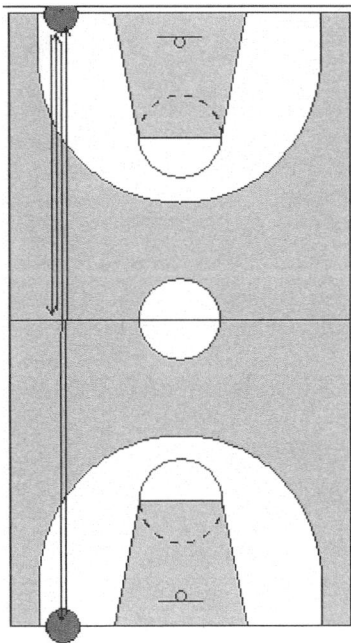

图7-3　触线10次往返跑

165

◆ 第3课时 三角跑 ◆

1. 常规积累

(1)篮球馆集合,检查着装,接受体委报告;(2)宣布本课教学内容和学习目标;(3)慢跑热身;(4)专项拉伸;(5)热身游戏:抓尾巴。

2. 过程推进

(1)三角跑(见图7-4)。①把学生分为人数相等的两队。在篮球场的边线、底线和对角线分别安排侧滑步、高抬腿、小步跑三个练习项目。练习时注意保持彼此间距,依次循环练习。②组织学生进行三角跑练习。要求学生遵守规则,保持适当间距,注意安全。③练习结束,教师对练习的完成效果加以评价,并对完成较好的小组进行表扬。④请完成较好的同学进行展示。

(2)滑步游戏。①游戏方法:将学生分成人数相等的若干组,在小组长的带领下分别站在篮球场底线。教师发令后,以小组为单位向另一端底线以滑步行进的方式出发,听到教师哨响时,变换滑步方向,看哪队反应最快。②教师示范并讲解、游戏规则。③教师组织学生有序进行游戏。④教师在比赛的过程中巡回指导,提醒学生注意安全。⑤请完成较好的学生进行展示。

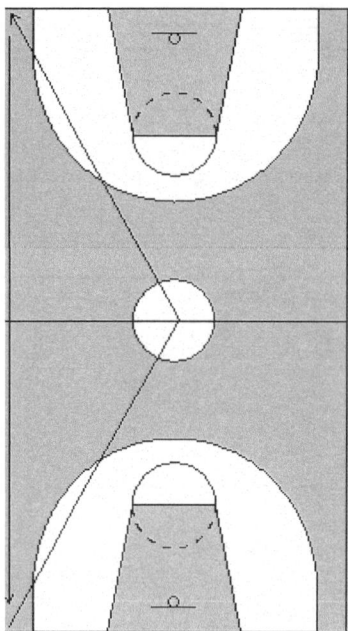

图7-4 三角跑

3. 拓展延伸

(1)全场进行攻击步练习,完成2组;(2)小结本课;(3)师生再见。

◆ 第4课时 往返"毛毛虫" ◆

1. 常规积累

(1)篮球馆集合,检查着装,接受体委报告;(2)宣布本课教学内容和学习目

标;(3)慢跑热身;(4)专项拉伸;
(5)热身游戏:抓尾巴。

2. 过程推进

往返"毛毛虫"。①把学生分为
人数相等的两队,所有学生排成两
路纵队,两腿分开,后面学生抱住前
面同学的腰,形成一个毛毛虫形状
的队伍。然后整个队伍向前移动,
先完成的队为获胜(见图 7 - 5)。
②组织学生进行往返"毛毛虫"游

图 7 - 5　往返"毛毛虫"

戏。要求学生遵守规则,保持适当间距,注意安全。③练习结束,教师对完成效
果加以评价,并对完成较好的小组进行表扬。④请完成较好的学生进行展示。

3. 拓展延伸

(1)原地纵跳 10 个,完成 2 组;(2)小结本课;(3)师生再见。

第5课时　行进间球性练习、多人运球斗牛

1. 常规积累

(1)篮球馆集合,检查着装,接受体委报告;(2)宣布本课教学内容和学习目
标;(3)慢跑热身;(4)专项拉伸;(5)热身游戏:抓尾巴。

2. 过程推进

(1) 行进间球性练习。①行进间手指拨指:上手持球于胸部,手腕带动手
指,左右来回拨指,边拨指边走,至中线后返回。②双手抛接球:行进中用力将
球向上抛起,抛球时提踵,接球时顺势屈膝。向上抛球后双手前后击掌,次数越
多越好。③单手体侧传接球:直立,两臂伸直。用手指和指端将球从一手传向
另一手,边走边做。④单手托球经头部、腰部、膝关节绕环。绕环时,球经头部、
腰间、膝关节依次绕过,再回到头部进行循环,球尽量不要贴近身体。⑤球在两
腿之间绕"8"练习:蹲姿行进,右手将球从两腿中间传给左腿后面的左手,左手
持球绕过左腿,如此连续进行(见图 7 - 6)。⑥高抬腿胯下练习:行进高抬腿,
同时做胯下绕球练习。⑦组织学生进行球性练习,控制速度,尽量不掉球,根据
自己的能力调整速度。⑧教师组织学生进行原地练习,让练习过程中完成较好

的同学进行展示,并加以评价。

(2) 多人运球斗牛。①游戏方法如图7-7所示,学生两人一组。游戏开始后,两人同时运球,运球过程中去拍打同伴的篮球,看哪一组打掉对方球多。②组织学生进行游戏,以排或者全班集体进行,限制在半场范围内。③教师宣布游戏结果,并加以评价。

图7-6 行进间球性练习

图7-7 多人运球斗牛

3. 拓展延伸

(1)教师组织学生集体讨论运球斗牛的要点和获胜技巧;(2)小结本课;(3)师生再见。

第6课时 球性练习、运球一对一

1. 常规积累

(1)篮球馆集合,检查着装,接受体委报告;(2)宣布本课教学内容和学习目标;(3)慢跑热身;(4)专项拉伸;(5)热身游戏:抓尾巴。

2. 过程推进

(1) 球性练习。①手指拨指:上手持球于胸部,手腕带动手指,左右来回拨指。②双手抛接球:用力将球向上抛起,抛球时提踵,接球时顺势屈膝,向上抛球后前后击掌。③单手体侧传接球练习:直立,两臂伸直,用手指和指端将球从一手传向另一手。④单手托球经头部、腰部、膝关节绕环：绕环时，球经头部、腰间、膝关节依次绕过，再回到头部，进行循环。⑤球在两腿之间绕"8"练习：右手将球从两腿中间传给左腿后面的左手，左手持球绕过左腿，如此连续进行。⑥高抬腿胯下练习：原地高抬腿，同时做胯下绕球练习。⑦组织学生进行球性练习，控制速度，尽量不掉球。⑧教师组织学生进行原地练习，让练习过程中完成较好的同学进行展示，并加以评价。

（2）运球一对一。①游戏方法如图 7-8 所示，学生两人一组。游戏开始后，两人同时运球，运球过程中去拍打同伴的篮球，看谁打掉对方球的次数多。②教师组织学生进行游戏，限制在半场范围内，五局三胜制。③教师宣布游戏结果，并加以评价。

3. 拓展延伸

（1）教师组织学生集体讨论运球斗牛的要点和获胜技巧；（2）小结本课；（3）师生再见。

图 7-8　运球一对一

第7课时　原地追拍跑、折返跑比赛

1. 常规积累

（1）篮球馆集合，检查着装，接受体委报告；（2）宣布本课教学内容和学习目标；（3）慢跑热身；（4）专项拉伸。

2. 过程推进

（1）原地追拍跑（见图 7-9）。①把学生分为人数相等的两队，成横排列于球场中线两侧，并指定其中一队为单数队，另一队为双数队。游戏以下列任一种方式进行。教师高声报出"单数"或"双数"，被报号的队立即起动追拍未被报号的对方；或反过来，未被报号的队立即起动追拍被报号的队；教师用长、短哨声为信号，约定双方的代表哨声。教师鸣哨后，学生根据哨声做出判断并立即起动追拍对方；教师报出具体数字由学生做出判断，若数字是奇数，则单数队起动追拍对方；若数字为偶数，则双数队起动追拍对方。②教师组织学生进行游戏。③教师宣布游戏结果，并加以评价。

（2）折返跑比赛。①把学生分为人数相等的两队。游戏开始后，两队排头同学立即起动，快跑到罚球线急停—转身—跑回原端线—急停—转身—快跑到中线—急停—转身—快跑返回原端线，并与同伴击掌。该队第二人按同样路线快跑，先完成的队即为获胜。②教师组织学生进行游戏（见图 7 - 10）。③教师宣布游戏结果，并加以评价。

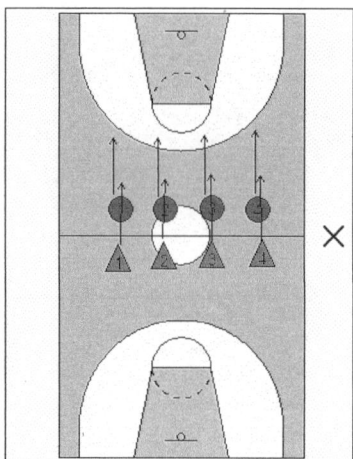

图 7 - 9　原地追拍跑

图 7 - 10　折返跑比赛

3. 拓展延伸

（1）教师组织学生集体或分组讨论、小结；（2）小结本课；（3）师生再见。

◆ 第 8 课时　攻占营门、换球互追 ◆

1. 常规积累

（1）篮球馆集合，检查着装，接受体委报告；（2）宣布本课教学内容和学习目标；（3）慢跑热身；（4）专项拉伸。

2. 过程推进

（1）攻占"营门"。①游戏方法如图 7 - 11 所示，把学生分成人数相等的两队，以球场中线为界，两个半场为各自的"营"，各成横排站立于同一边线的两侧。在中线放四个篮球，各球间相隔约两米作为双方"营门"。游戏开始时，双方各出一人站立于各自营门前，指定甲方为攻方，乙方为守方。甲方设法利用虚晃、变向等假动作摆脱乙方的防守,设法进球,乙方利用各种防守脚步阻止对方进球,规定时间内进球数多的队获胜。②教师组织学生进行游戏。③教师宣布游戏结果,并加以评价。

(2)换球互追。①游戏方法如图7-12所示,全队每人手平托一个篮球围成一圆圈站立,指定一人为"进攻抢球者"。开始后,沿外圆圈逆(或顺)时针方向快跑,随时趁持球人不备从其手中把球抢走后继续奔跑。持球人在球被抢后立即追击,若在回到原位置前被追上,则仍由原抢球人继续抢球,否则他原来的位置被抢球人占据,自己则变为抢球人,再用同样方法去抢别人的球。②教师组织学生进行游戏。③教师宣布游戏结果,并加以评价。

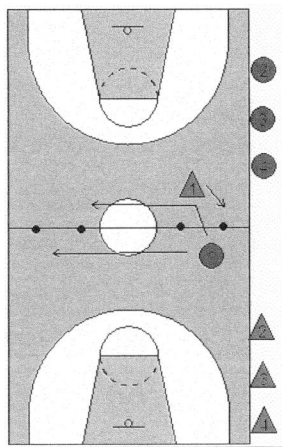

图7-11　攻占"营门"　　　　图7-12　换球互追

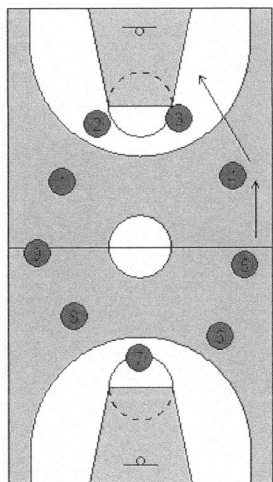

3. 拓展延伸

(1)15×7折返跑,完成2组;(2)小结本课;(3)师生再见。

第三节　篮球技术

六年级篮球技术共12学时,内容包含过障碍运球、快传上篮、无防守一对一、有防守一对一、"8"字传接球、投篮、运球三步篮、五点投篮等,详见表7-3。

表7-3 六年级篮球技术教案

序号	教学内容	教　学　目　标
1	过障碍运球（一）	1. 学生通过学习,初步掌握运球过障碍的技术方法 2. 学生通过学习,提高手对球的控制支配能力,发展灵敏、速度素质,提高协调性及快速反应能力 3. 学生通过学练,培养不怕困难、迎难而上、力争胜利的竞争意识,及团结协作、吃苦耐劳的优良品质
2	过障碍运球（二）	1. 学生通过学习,掌握运球过障碍的技术方法 2. 学生通过学习,进一步提高手对球的控制支配能力,发展灵敏、速度素质,提高协调性及快速反应能力 3. 学生通过学练,培养不怕困难、迎难而上、力争胜利的竞争意识,及团结协作、吃苦耐劳的优良品质,发展个性与心理
3	原地传接球、快速传接球上篮	1. 学生通过原地传接球、两人直线传接球上篮等练习,基本掌握快速传接球的技术方法,增进空间感觉和移动中的身体平衡感 2. 学生通过学练,在两人传接球练习中互相配合,以最少失误完成动作。同时发展速度、灵敏、弹跳力等 3. 学生在不断尝试中基本掌握传接球上篮的技能,表现出顽强拼搏的品质和团结合作的行为
4	快速传接球上篮、三人直线传接球	1. 学生通过两人直线传接球上篮、三人直线传接球等练习,基本掌握快速传接球的技术方法 2. 学生通过学习,在两人、三人传接球练习中互相配合完成传接球练习。同时增强下肢弹跳力和上下肢协调性,发展灵敏、速度耐力等身体素质 3. 培养学生对篮球运动的乐趣,敢于面对失误,体验成功的喜悦,增强合作、团结意识
5	无防守一对一（无球）	1. 学生通过无防守一对一（无球）练习,提高奔跑速度、动作的敏捷性和快速起动能力 2. 学生通过学习,在自主练习中学会合作与评价,体验篮球运动带来的乐趣与成功的喜悦 3. 学生通过学习培养不怕困难、迎难而上的精神,并做到自律、自强
6	无防守一对一（有球）	1. 学生通过无防守一对一（有球）练习,提高奔跑速度、动作的敏捷性和快速起动能力 2. 学生通过学习,在自主练习中学会合作与评价,体验篮球运动带来的乐趣与成功的喜悦 3. 学生通过学习培养不怕困难、迎难而上的精神,并做到自律、自强

（续表）

序号	教学内容	教 学 目 标
7	一对一攻防练习	1. 学生通过一对一无防守练习、有防守攻防练习,学习突破过人的技术方法 2. 学生通过学习,在无防守练习、有防守攻防练习中掌握攻防的技巧,提高防守能力 3. 学生在不断尝试中掌握突破过人的技巧,敢于面对失误,鼓励同伴,共同进步
8	一对一攻防练习（有防守）	1. 学生通过有防守攻防练习,学习突破过人的技术方法 2. 学生通过学习,在攻防练习中掌握攻防技巧,进一步提高防守能力 3. 学生在不断尝试中掌握突破过人的技巧,敢于面对失误,与同伴共同进步
9	原地传接球、"8"字传接球	1. 学生通过原地传接球、"8"字传接球练习,基本掌握传接球的动作技能 2. 学生通过学习,在小组合作中集体完成传接球的练习过程,提高篮球的基本技术 3. 学生通过传接球的练习,学会与他人配合,敢于挑战自我,学会与他人合作,提高社会适应能力和自信心
10	投篮	1. 学生通过投篮练习,掌握投篮的基本动作,增强敏捷性和协调能力 2. 学生通过学习,在自主练习中学会合作与评价,体验篮球运动带来的乐趣,发展身体对运动的感知能力 3. 通过学习,培养学生不怕困难、迎难而上的精神和团结协作的良好品质
11	三步上篮、传接球三步上篮	1. 学生通过练习培养学习篮球的兴趣,学习三步上篮的动作技能和方法 2. 学生通过自主学习、小组合作练习,掌握三步上篮、传接球三步上篮动作,发展身体的灵敏性和协调性 3. 通过学练,培养学生不怕困难、迎难而上的精神和团结协作的良好品质
12	五点位投篮	1. 学生通过五点位投篮的学习,基本掌握投篮的基本动作,增强敏捷性和协调能力 2. 学生通过学习,初步学会运球基本动作,具备控球能力,同时发展速度、灵敏、协调和耐力等身体素质 3. 通过学练,培养学生不怕困难、迎难而上的精神和团结协作的良好品质

◆ **第1课时　过障碍运球(一)** ◆

1. 常规积累

(1)篮球馆集合,检查着装,接受体委报告;(2)宣布本课教学内容和学习目标;(3)慢跑热身;(4)专项拉伸;(5)游戏:拉网捕鱼。

2. 过程推进

(1)过障碍运球。①熟悉球性练习:手指左右拨球练习4次、双手抛接球练习4次、抛球跳起接球练习4次、抛球下蹲接球练习4次、抛球转身接球练习4次、胯下左右绕球练习4次。②把学生分为人数相等的4队,成纵队站于球场底线。教师发令后,每组第一名同学运球起跑,按规定路线运球绕过障碍物,然后迅速跑回到排尾站好,第二名同学再运球跑出,所有同学依次进行。③教师组织学生进行练习。④教师巡回指导,对错误动作进行纠正。⑤教师请完成较好的同学进行展示。⑥再次进行练习。

(2)过障碍运球比赛。①组织学生进行运球过障碍比赛,要求学生遵守游戏规则。②教师宣布游戏结果,并加以评价。

3. 拓展延伸

(1)教师组织学生集体或分组讨论、小结;(2)放松练习;(3)宣布下课。

◆ **第2课时　过障碍运球(二)** ◆

1. 常规积累

(1)操场集合,检查着装,安排见习生;(2)宣布本课教学内容和学习目标;(3)慢跑热身;(4)专项拉伸;(5)游戏:拉网捕鱼。

2. 过程推进

(1)过障碍运球。①游戏方法:分4个小组,以运球接力的形式,在路线中设置4个障碍,每组队员必须快速绕过障碍并快速运球至下一个障碍,最先到终点的小组获胜(见图7-13)。②教师讲解示范动作要领,组织学生进行练习;③教师巡回指导,纠正错误动作;④教师请完成较好的同学进行展示;⑤教师组织学生再一次练习。

(2)复习原地与行进间运球。①教师讲解并示范练习方法,强调右手五指

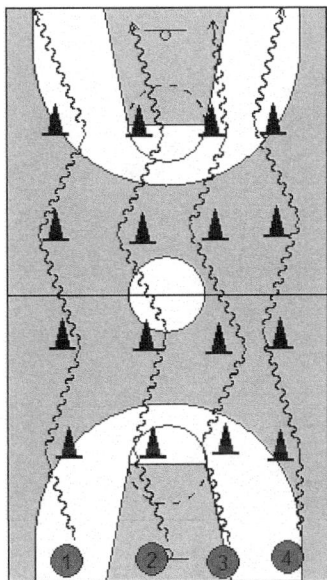

图 7 - 13　过障碍运球

自然张开,用指腹运球,掌心空出;②教师组织学生进行四线往返游戏,要求学生遵守游戏规则;③教师宣布游戏结果,并加以评价。

3. 拓展延伸

(1)坐立运球;(2)放松练习;(3)宣布下课。

◆◆◆ 第3课时　原地传接球、快速传接球上篮 ◆◆◆

1. 常规积累

(1)操场集合,检查着装,安排见习生;(2)宣布本课教学内容和学习目标;(3)慢跑热身;(4)专项拉伸;(5)游戏:运球斗牛。

2. 过程推进

(1)原地双手胸前传接球。①练习方法:学生两人为一组,分散在篮球场,面对面站立。一名同学双手持球于胸口,手呈八字形,通过手指、手腕将球传到对方胸口,对方接球后传回。②教师组织学生进行原地传接球练习(见图7-14)。要求学生遵守游戏规则,保持适当间距,注意安全,传球高度控制在胸口。③练习结束,教师对完成效果进行评价并纠错,并请学校篮球队里完成较好的同学进行展示。④教师组织学生再一次练习。

（2）两人直线传接球上篮。①练习方法：学生两人为一组，站在篮球场底线，面对面站立。行进间传球至对面篮球半场上篮，再从对面传回，再排到队尾，依次进行。②教师组织学生进行行进间传接球上篮练习（见图7-15）。要求学生遵守游戏规则，保持适当间距，注意安全，传球高度控制在胸口，速度根据自己能力自行调整。③练习结束，教师对完成效果进行评价并纠错，并请学校篮球队完成较好的同学进行展示。

图7-14 原地双手胸前传接球

图7-15 两人直线传接球上篮

3. 拓展延伸

（1）传接球比快；（2）放松练习；（3）宣布下课。

◆ 第4课时 快速传接球上篮、三人直线传接球 ◆

1. 常规积累

（1）操场集合，检查着装，安排见习生；（2）宣布本课教学内容和学习目标；（3）慢跑热身；（4）专项拉伸；（5）游戏：原地传接球比快。

2. 过程推进

（1）原地双手胸前传接球上篮。①练习方法：学生两人一组，分散在篮球场,相向而立。一名同学双手持球于胸口,手呈八字形,通过手指手腕将球传到对方胸口,对方接球后传回至对面篮筐上篮,返程传接球一次,长传上篮(见图7-16)。②教师组织学生行进间传接球上篮练习。要求学生遵守游戏规则,保持适当间距,注意安全,传球高度控制在胸口。③练习结束,教师对完成效果进行评价并纠错。④教师请完成较好的同学进行展示。⑤教师组织学生再一次练习。

图7-16 原地双手胸前传接球上篮

图7-17 三人直线传接球上篮

(2) 三人直线传接球上篮。①练习方法:学生三人为一组,一人站在篮筐下,两人站在篮球场三分线侧,行进间传球至对面篮球半场上篮,再从对面传回,排在队尾,依次进行。②组织学生进行三人行进间传接球上篮练习。要求学生遵守规则,保持适当间距,注意安全,传球高度控制在胸口,速度根据自己能力自行调整。③练习结束,教师对完成效果进行评价并纠错。同时请篮球队动作完成较好的同学进行展示(见图7-17)。

3. 拓展延伸

(1)教师组织学生集体汇总出现的掉球、上篮问题,并共同讨论解决方案;(2)放松练习;(3)宣布下课。

第5课时　无防守一对一(无球)

1. 常规积累

(1)操场集合,检查着装,安排见习生;(2)宣布本课教学内容和学习目标;(3)慢跑热身;(4)专项拉伸;(5)游戏:原地传接球比快。

2. 过程推进

(1) 游戏:折返跑比赛。①游戏方法:把学生分为人数相等的两队。游戏开始后,两队排头队员立即起动,快跑到罚球线急停一转身一跑回原端线,并与同伴击掌。该队第二人按同样路线快跑,先完成的队即为获胜。②教师组织学生进行四线往返游戏,要求学生遵守游戏规则。③教师宣布游戏结果,并加以评价,对完成较好的小组进行表扬。

(2) 无防守一对一练习。①场地上用标志桶摆好"之"字形,组织学生进行"之"形跑,要求遵守游戏规则,注意安全(见图7-18)。②组织学生绕场地进行"之"形滑步。③两人一组"之"字形移动配合,一名同学模仿移动运球,另一名同学手臂放于身后,做滑步移动,然后再交换练习(见图7-19)。④教师巡回指导,对错误动作进行纠正。⑤教师请完成较好的同学进行展示。⑥教师组织学生再一次练习。

图7-18　学生无防守一对一(无球)练习

图7-19　两人一组无防守一对一(无球)练习

3. 拓展延伸

(1)教师组织学生集体或分组讨论、小结;(2)放松练习;(3)宣布下课。

◆ 第6课时　无防守一对一(有球) ◆

1. 常规积累

(1)操场集合,检查着装,安排见习生;(2)宣布本课教学内容和学习目标;(3)慢跑热身;(4)专项拉伸;(5)球操。

2. 过程推进

(1) 游戏:三角跑。①游戏方法:把学生分为人数相等的两队,在篮球场的边线、底线和对角线安排侧滑步、高抬腿、小步跑三个练习项目。练习时注意保持彼此间距,依次练习。②教师组织学生进行三角跑练习。要求学生遵守游戏规则,保持适当间距,注意安全。③练习结束,教师对完成效果进行评价,并对完成较好的小组进行表扬。

(2) 无防守一对一练习(有球)。①场地上用标志桶摆好"之"字形,组织学生进行"之"形跑,要求遵守游戏规则,注意安全。②组织学生绕场地进行"之"形滑步。③两人一组"之"字形移动配合,一名同学移动运球,另一名同学手臂放于身后,做滑步移动,然后再交换练习(见图 7 - 20)。④教师巡回指导,对错误动作进行纠正。⑤教师请动作完成较好的同学进行展示。⑥教师组织学生再一次练习。

图 7 - 20　无防守一对一(有球)练习

3. 拓展延伸

(1)立卧撑 30 个每组,完成 2 组;(2)放松练习;(3)宣布下课。

◆ 第7课时　一对一攻防练习 ◆

1. 常规积累

(1)操场集合,检查着装,安排见习生;(2)宣布本课教学内容和学习目标;(3)慢跑热身;(4)专项拉伸;(5)球操。

2. 过程推进

（1）复习无防守攻防练习（见图7-21）。①游戏方法：学生两人为一组，站在三分线侧，相向而立，一名同学运球做动作，另一名同学手置于背后，利用脚步做无防守攻防练习。内容包括左、右手单手运球和体前变向运球。②组织学生进行集体练习。要求学生遵守游戏规则，每组之间保持适当间距，注意安全，到对面三分底线处换位返回。③练习结束，教师对练习内容的完成效果进行评价并纠错，并请完成较好的小组进行展示。

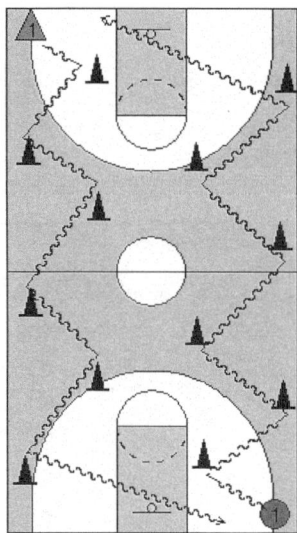

图7-21 无防守攻防练习

图7-22 无防守一对一（有球）

（2）有防守的攻防练习。①学生两人为一组，从篮球场三分底线出发，一人运球，一人进行各种干扰，破坏对方的前进路线，以最少失误运球至对面换位再换回（见图7-22）。②教师组织学生两人一组进行有防守的攻防练习。要求学生遵守游戏规则，保持适当间距，注意安全，尽量减少失误次数。③练习结束，教师对完成效果进行评价并纠错，同时请学校篮球队完成较好的同学进行展示。④教师巡回指导，对错误动作进行纠正。⑤教师组织学生再一次练习。

3. 拓展延伸

（1）并脚举球1分钟，完成2组；（2）放松练习；（3）宣布下课。

第8课时　一对一攻防练习(有防守)

1. 常规积累

(1)操场集合,检查着装,安排见习生;(2)宣布本课教学内容和学习目标;(3)慢跑热身;(4)专项拉伸。

2. 过程推进

(1)复习一对一攻防练习(见图7-23)。①游戏方法:学生两人为一组,篮球场三分底线出发,一人运球,一人进行各种干扰,破坏对方前进路线,以最少失误运球至对面再换位换回。②组织学生两人一组进行有防守的攻防练习。要求学生遵守规则,保持适当间距,注意安全,尽量减少失误次数。③练习结束,教师对完成效果进行评价并纠错,并请完成较好的小组进行展示。

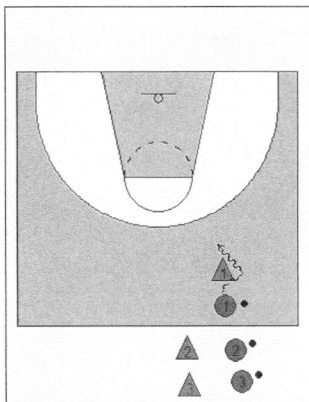

图7-23　一对一攻防演示

图7-24　一对一全场攻防练习

(2)一对一全场攻防练习。①游戏方法:三名同学站成一排,共站三排,进行防守,其余学生运球过人。根据教师要求进行全场攻防练习,学生交换进行攻防,内容包括原地防守、左右跨一步防守、两米移动防守(见图7-24)。②教师组织学生进行全场有防守的攻防练习。要求学生遵守游戏规则,保持适当间距,注意安全,尽量减少失误次数。③练习结束,教师对完成效果进行评价并纠错,请学校篮球队完成较好的同学进行展示。④教师巡回指导,对错误动作进行纠正。⑤教师组织学生再一次练习。

3. 拓展延伸

(1)教师组织学生集体汇总出现断球的原因,并共同讨论解决方案;(2)放松练习;(3)宣布下课。

◆ 第9课时 原地传接球、"8"字传接球 ◆

1. 常规积累

(1)操场集合,检查着装,安排见习生;(2)宣布本课教学内容和学习目标;(3)慢跑热身;(4)辅助练习:自抛自接。

2. 过程推进

(1) 原地传接球。①游戏方法:把学生分为人数相等的4队,成纵队站于场地中间,双手成"8"字,将球传至队友的胸口位置。队友接球后传回,内容包括双手胸前传接球和反弹球(见图7-25)。②教师组织学生进行原地传接球练习。③教师巡回指导,对错误动作进行纠正。④教师请动作完成较好的同学进行展示。

(2)"8"字传接球。①游戏方法:把学生分为人数相等的三队,成纵队站于场地中间,双手成"8"字,在移动中将球传至队友的胸口位置。队友接球后传回,传球后从接球队员后面绕过,三人循环(见图7-26)。②教师组织学生

图 7-25 原地反弹传接球

图 7-26 "8"字传接球

进行三人"8"字传接球练习。③教师巡回指导,对经常出现的掉球、跑位错误进行纠错,集体演示。④教师请动作完成较好的小组进行展示,其他同学点评。

3. 拓展延伸

(1)教师组织学生集体汇总出现掉球的原因,并共同讨论解决方案;(2)放松练习;(3)宣布下课。

◆ **第10课时　投篮** ◆

1. 常规积累

(1)操场集合,检查着装,安排见习生;(2)宣布本课教学内容和学习目标;(3)慢跑热身;(4)辅助练习:自抛自接。

2. 过程推进

(1) 复习"8"字传接球(见图 7 - 26)。①游戏方法:把学生分为人数相等的三队,成纵队站于场地中间,双手成"8"字,在移动中将球传至队友的胸口位置。队友接球后传回,传球后从接球队员后面绕过,三人循环。②教师组织学生进行三人"8"字传接球练习。③教师巡回指导,对经常出现的掉球、跑位错误进行纠错,集体演示。④教师请动作完成较好的组别进行展示,其他同学点评。

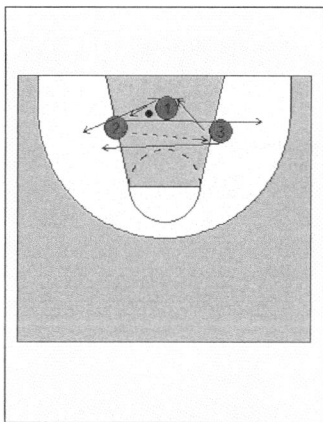

图 7 - 27　"8"字传接球路线

图 7 - 28　投篮练习

(2) 投篮练习(见图 7 - 28)。①教师示范投篮动作,讲解动作要领。双腿微屈,上身正直,右手持球于头部前上方,左手扶球。大臂与地面平行,小臂垂直于大臂,手指触球,掌心空出。投球时由腿部蹬地发力,手臂发力向上伸直,手掌压腕拨指将球投出。对女生或者手臂力量差的同学可以要求双手胸前投篮。②教师组织学生进行徒手模仿练习。听教师喊口令"1、2"开始练习,"1"做好准备姿势,"2"做投篮动作。③听教师口令"1、2"进行持球练习。④学生自主练习,要求学生遵守课堂秩序,注意安全。⑤教师巡回指导,对错误动作进行纠正。

3. 拓展延伸

(1)原地向上投篮 40 次;(2)放松练习;(3)宣布下课。

◆ 第 11 课时　三步上篮、传接球三步上篮 ◆

1. 常规积累

(1)操场集合,检查着装,安排见习生;(2)宣布本课教学内容和学习目标;(3)慢跑热身;(4)专项拉伸。

2. 过程推进

(1) 运球三步上篮。①练习方法:把学生分为人数相等的四队,成纵队站于场地中间,听哨音集体进行练习。②教师组织学生进行原地运球三步上篮练习。③教师巡回指导,对错误动作进行纠正。④教师请上篮动作标准的同学进行展示。

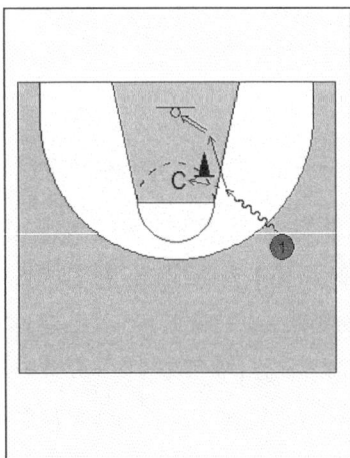

图 7 - 29　传接球三步上篮

(2) 传接球三步上篮(见图 7 - 29)。①动作方法:把学生分为人数相等的 4 队,成纵队站于场地中间,学生运球至标志桶处后将球传给老师,接球后三步上篮,完成上篮后排至队尾。②教师组织学生进行传接球三步上篮的集体练习。③教师巡回指导,对经常出现的掉球、跑位等错误进行纠错,集体演示。④教师请动作完成较好的同学进行展示,其他同学点评。

3. 拓展延伸

(1)教师组织学生对传接球过程中的掉球和三步上篮不进球的原因进行集体或分组讨论、小结;(2)放松练习;(3)宣布下课。

◆ **第 12 课时　五点位投篮** ◆

1. 常规积累

(1)操场集合,检查着装,安排见习生;(2)宣布本课教学内容和学习目标;(3)慢跑热身;(4)专项拉伸。

2. 过程推进

(1) 游戏:四角传球。①游戏方法:把学生分成若干组,每组 4 人,站成正方形队形,每组 4 个人分别站在正方形的 4 个角。每组一个球以顺时针传球。在传球过程中出现失误,没接住球的同学在本小组内表演一个节目作为"惩罚"。②教师组织学生进行游戏(见图 7−30),稍作休息后再以逆时针方向传球。③要求学生遵守游戏规则,注意安全。④教师总结游戏结果,并加以评价,对完成较好的小组进行表扬。

(2) 五点位投篮。①将学生分成 2 组,分别在各自半场进行五点位投篮练习(见图 7−31);②教师讲解练习形式,在上节课学习的投篮技术的基础上,围篮筐禁区的边线进行五点位投篮练习;③学生自主练习,要求学生遵守课堂秩序,注意安全;④教师巡回指导,对错误动作进行纠正。

图 7−30　四角传球

图 7−31　五点位投篮

3. 拓展延伸

(1)教师组织学生集体或分组讨论、小结;(2)放松练习;(3)宣布下课。

第四节　篮球战术

六年级篮球战术篇共 4 学时,包括挡拆战术(全场演练)、突分战术(全场演练),详见表 7-4。

表 7-4　六年级篮球战术教案

序号	教学内容	教 学 目 标
1	挡拆战术全场演练(一)	1. 学生通过全场演练学习挡拆战术的运用方法 2. 学生通过学习,基本掌握挡拆的使用技巧,发展速度、力量、协调、灵敏素质 3. 学生在不断尝试中形成团结协作、拼搏进取的精神。并且通过学练,学会配合,与同伴共同进步,提高集体荣誉感
2	挡拆战术全场演练(二)	1. 学生通过全场演练进一步学习挡拆战术的运用方法 2. 学生通过学习,掌握挡拆的使用技巧,发展速度、力量、协调、灵敏素质 3. 学生在不断尝试中形成团结协作、拼搏进取的精神。并且通过学练,学会配合,与同伴共同进步,提高集体荣誉感
3	突分战术全场演练(一)	1. 学生通过全场演练学习突分战术的运用方法 2. 学生通过学习,初步建立队员之间战术配合的意识,掌握突分的动作要点及使用技巧 3. 学生在不断尝试中提高个人技术,学会配合,与同伴共同进步,提高集体荣誉感
4	突分战术全场演练(二)	1. 学生通过全场演练进一步学习突分战术的运用方法 2. 学生通过学习,建立队员之间战术配合的意识,掌握突分的动作要点及使用技巧 3. 学生在不断尝试中提高个人技术,全面提升身体素质和协调性。并且通过学练,学会配合,与同伴共同进步,提高集体荣誉感

第 1 课时　挡拆战术全场演练(一)

1. 常规积累

(1)操场集合,检查着装,安排见习生;(2)宣布本课教学内容和学习目标;(3)慢跑热身;(4)专项拉伸;(5)游戏:传接球接龙。

2. 过程推进

（1）无球挡拆（见图 7 - 32）。①练习方法：挡拆战术可以简单理解为挡和拆，挡就是掩护，拆就是掩护后拆开、切入。挡拆可以演变成很多种不同的套路，例如控球者 A 分球给队友 B，然后 A 立刻加速摆脱防守球员，尽可能地向篮下移动，B 在最适合的时机将球回传 A，A 完成上篮或者投篮得分。②教师组织学生三人一组进行无球挡拆练习。要求学生遵守游戏规则，保持适当间距，注意安全，尽量减少失误次数。③练习结束，教师对完成效果进行评价并纠错，帮助学生分析最佳挡拆时机。

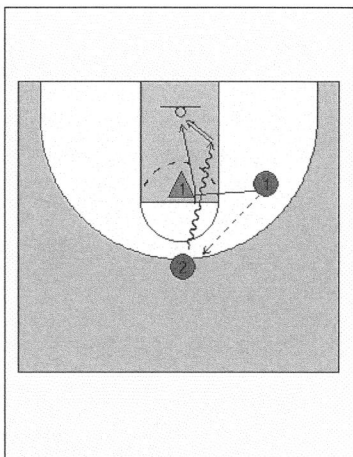

图 7 - 32　无球挡拆

（2）有球挡拆（见图 7 - 33）。①练习方法：例如队友为 A 挡人，A 选择另一个方向的带球。在一防一的状态下，对方的另一名队员势必会进行补防。而我方队员处于静止状态。因为篮球规则规定挡拆时，掩护球员不能移动。那么如果是 A 在控球，就会面对两人的防守，或者造成包夹。而在 A 吸引两名防守队员防守的时候，A 方的队员可以通过快速移动和跑位，获得空位投篮的机会。这时 A 就能及时把球分给他，使其投篮命中。②教师组织学生进行全场有球挡拆练习。要求学生遵守规则，保持适当间距，注意安全，尽量减少失误次数。③练习结束，教师对完成效果进行评价并纠错，并请完成较好的同学进行展示。

3. 拓展延伸

（1）教师组织学生集体汇总挡拆的注意事项，并共同讨论解决方案；

（2）放松练习。

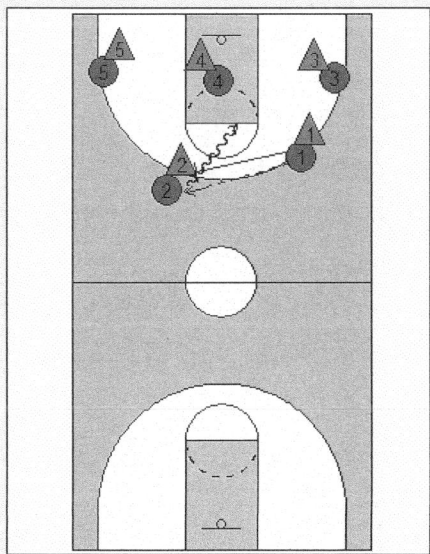

图 7 - 33　有球挡拆

◆ 第2课时 挡拆战术全场演练(二) ◆

1. 常规积累

(1)操场集合,检查着装,安排见习生;(2)宣布本课教学内容和学习目标;(3)慢跑热身;(4)专项拉伸;(5)游戏:传接球接龙。

2. 过程推进

(1) 复习无球挡拆。①复习无球挡拆练习;②组织学生三人一组进行无球挡拆练习。要求学生遵守规则,保持适当间距,注意安全,尽量减少失误次数;③练习结束,教师对完成效果进行评价并纠错,帮助大家分析最佳拆挡时机。

(2) 复习有球挡拆。①复习有球拆挡练习。②教师组织学生进行全场有球挡拆的练习。要求学生遵守规则,保持适当间距,注意安全,尽量减少失误次数。③练习结束,教师对完成效果进行评价并纠错,同时请完成较好的同学进行展示。

3. 拓展延伸

(1)教师组织学生集体汇总挡拆的注意事项,并共同讨论解决方案;(2)放松练习。

◆ 第3课时 突分战术全场演练(一) ◆

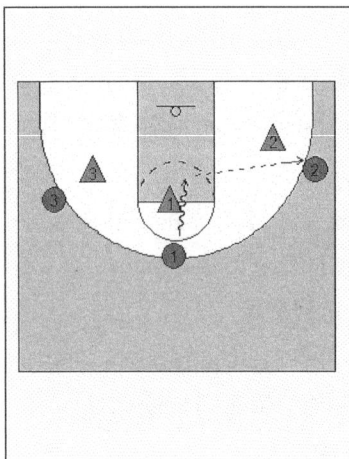

图 7-34 中路突破传外线配合

1. 常规积累

(1)操场集合,检查着装,安排见习生;(2)宣布本课教学内容和学习目标;(3)绕线慢跑热身;(4)专项拉伸;(5)游戏:传接球接龙。

2. 过程推进

(1) 中路突破传外线配合(见图 7-34)。中路突破传外线配合是后卫队员利用突破技术为锋线队员创造投篮机会的配合,配合中突破队员的突破动作要有威胁,迫使对方防守收缩或协防,这时锋线的无球队员要快速移动到有利的进攻位置上接应同伴,并在接球后快速跳起,果断投篮。

(2) 45 度角突破传外线配合(见图 7 - 35)。①练习方法:队员分两组站在两个 45 度角处。突破队员通常是从上线突破,突破后当对方另一侧防守队员协防收缩后,迅速将球传给包抄接应的同伴。在配合中必须注意无球队员接应点的选择。当同伴突破后,自己的防守队员协防的一瞬间,要快速移动到罚球弧一带,并在接到突分传球的同时迅速调整好脚步动作,为投篮做好准备。②教师组织学生进行全场有球挡拆练习。要求学生遵守规则,保持适当间距,注意安全,尽量减少失误次数。③练习结束,教师对练习内容的完成效果进行评价并纠错,并请完成较好的同学进行展示。

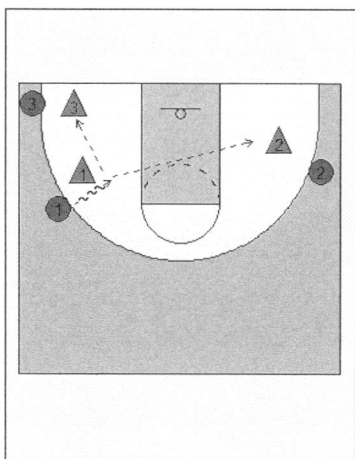

图 7 - 35　45 度突破传外线配合

3. **拓展延伸**

(1)教师组织学生集体练习汇总突分的注意事项,并和大家共同商讨解决方案;(2)放松练习。

第4课时　突分战术全场演练(二)

1. **常规积累**

(1)操场集合,检查着装,安排见习生;(2)宣布本课教学内容和学习目标;(3)绕线慢跑热身;(4)专项拉伸;(5)游戏:传接球接龙。

2. **过程推进**

(1) 复习 45 度角突破传外线配合。①复习 45 度角突破传外线的配合方法。②教师组织学生进行全场有球挡拆练习。要求学生遵守规则,保持适当间距,注意安全,尽量减少失误次数。③练习结束,教师对练习内容的完成效果进行评价并纠错,并请完成较好的同学进行展示。

(2) 底线突破传外线配合(见图 7 - 36)。①配合方法:两组前锋分站两侧,一侧前锋球员接球后用急停交叉步从下线(底线)突破,吸引一侧防守队员协防后,把球传给包抄到罚球线一带的另一侧前锋后投篮。注意在配合中,底线突破队员的突破动作要快,突破后要观察防守的位置。当对方内线队员补

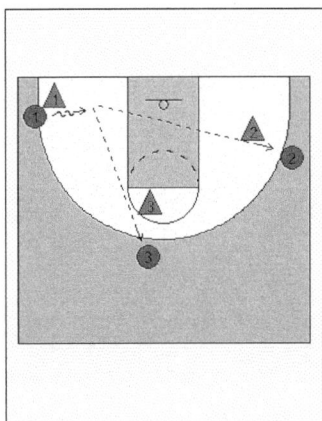

图 7-36　底线突破传外线配合

防时,快速将球传给罚球线一带的接应同伴,为同伴创造较好的进攻机会。②教师组织学生进行全场有球挡拆练习。要求学生遵守规则,保持适当间距,注意安全,尽量减少失误次数。③练习结束,教师对练习内容的完成效果进行评价并纠错,同时请完成较好的同学进行展示。

3. 拓展延伸

(1)教师组织学生集体汇总突分的注意事项,并和大家共同讨论解决方案;(2)放松练习。

第五节　篮球体能

六年级篮球体能篇共 6 学时,内容包含综合素质、力量练习、速度练习、反应练习等,详见表 7-5。

表 7-5　六年级篮球体能教案

序号	教学内容	教学目标
1	绳梯组合练习、游戏	1. 学生熟练完成各种绳梯组合练习,掌握脚步练习方法 2. 学生通过绳梯练习激发运动兴趣,发展速度、协调性、灵敏性和平衡性 3. 学生坚持完成各种脚步练习,不怕困难,敢于创新,形成勇敢顽强、团队合作的精神和积极参与的态度
2	核心组合练习、游戏	1. 学生熟练完成各种核心练习内容,掌握练习方法 2. 学生通过核心力量练习激发运动兴趣,提升身体素质,增强体质 3. 学生坚持完成一定运动量的各种核心练习,形成大胆尝试、不怕失败、敢于拼搏的精神和团队合作意识
3	力量练习	1. 学生熟练完成各种力量训练,掌握力量练习方法 2. 学生通过力量练习激发运动兴趣,提高协调性、爆发力等身体素质 3. 学生坚持完成一定运动量的各种力量练习,锻炼意志品质,形成集体主义精神

190

（续表）

序号	教学内容	教学目标
4	灵敏练习	1. 学生熟练地完成各种灵敏训练,掌握灵敏练习动作要领 2. 学生通过灵敏练习激发运动兴趣,发展速度、灵敏性、协调性等身体素质 3. 学生坚持完成一定运动量的各种灵敏练习,通过团队合作,增强自信心,形成团结协作、密切配合的集体主义精神
5	速度练习	1. 学生熟练地完成各种速度训练,掌握速度练习的技术动作 2. 学生通过速度练习激发运动兴趣,发展下肢力量和身体协调性 3. 学生坚持完成一定运动量的各种速度练习,形成不怕失败、敢于拼搏的精神和竞争意识
6	反应练习	1. 学生熟练地完成各种反应训练,掌握反应练习方法 2. 学生通过反应练习激发运动兴趣,增强快速反应能力 3. 学生坚持完成一定运动量的各种反应练习,形成竞争和团队合作意识,以及坚持下去的持久力

第1课时　绳梯组合练习、游戏

1. 常规积累

（1）操场集合,检查着装,安排见习生;（2）师生问好;（3）宣布本课教学内容和学习目标;（4）专项拉伸。

2. 过程推进

（1）绳梯组合练习。①教师讲解练习方法,内容包括开合跳、前后交叉跳、左右单脚跳、高抬腿、进两格退一格跳、进两格退一格踏步、侧面并脚进出、侧面并脚踏进踏出;②教师组织学生进行各种绳梯步法练习。

（2）游戏:拉网捕鱼。①教师讲解"拉网捕鱼"的游戏方法和规则;②教师组织学生进行游戏;③教师宣布游戏结果,并加以评价。

3. 拓展延伸

（1）教师组织学生集体讨论听哨音运球的要点和获胜技巧;（2）放松练习;（3）宣布下课。

◆ 第2课时 核心组合练习、游戏 ◆

1. 常规积累

(1)操场集合,检查着装,安排见习生;(2)师生问好;(3)宣布本课教学内容和学习目标;(4)球操。

2. 过程推进

(1) 核心力量组合练习。①组合流程:坐姿仰卧起接球—仰卧起坐传球(30个)—药球折返跑(14米)—跳小栏架。②组织学生进行各种核心步法的练习。③集体评价。

(2) 抛球报数。①游戏规则:所有学生报数并记住自己的号码。一名同学在中场半圆抛球后快速报一个号码,被报到号的人立刻出来接球,若球未落地,接到球的人可以继续报数扔球,以此类推。球若落地,没接到球的人就接受处罚或被淘汰。②教师组织学生进行抛球报数练习。③集体评价。

3. 拓展延伸

(1)游戏:你抛我接;(2)放松练习;(3)宣布下课。

◆ 第3课时 力量练习 ◆

1. 常规积累

(1)操场集合,检查着装,安排见习生;(2)师生问好;(3)宣布本课教学内容和学习目标;(4)专项拉伸。

2. 过程推进

(1) 胸部力量练习。①平卧推举:主要练胸大肌的厚度和胸沟。动作:两手持哑铃仰卧凳上,哑铃置于肩部,掌心朝上,上推哑铃至臂伸直,稍停,然后缓慢还原。提示:上推和下降呈弧线,使胸大肌得到充分收缩和彻底伸展。②平卧"飞鸟":主要练胸大肌外侧中翼和下部。动作:仰卧凳上,两手持哑铃,掌心相对,两臂自然伸直于胸部上方,两臂微屈肘向两侧弧形下放哑铃至最低点,胸肌充分伸展,胸肌用力收缩将两臂弧形上举还原。

(2) 肩部力量练习。①侧平举:主要练三角肌中束。动作:两手持哑铃垂于腿前,身体稍前倾,双肘微屈,向两侧举起哑铃至肩高,使三角肌处于"顶峰收缩"位,稍停,然后肩肌控制缓慢还原。也可单臂做,两臂轮换。②推举:主要练三角肌前束、中束和后束。动作:坐姿,两手持哑铃于体侧,两肘外展,掌心朝前,以弧线推哑铃至最高点,稍停,缓慢控制哑铃按原路线(弧线)还原。

(3) 腿部力量练习。①箭步蹲:主要练臀大肌、股二头肌和股四头肌。动作:两手持铃,两脚自然开立,右脚向前跨出一步,屈膝,后腿膝盖几乎接近地面,成箭步蹲。一腿完成规定次数后换另腿前跨做。②站立单腿提踵。动作:一手持哑铃,一手扶固定物,一脚前脚掌站在踏板上,脚跟尽量下降至最低点,另一腿屈膝提起小腿。小腿肌用力收缩提起脚跟至最高点,稍停,然后缓慢还原。

(4) 组织学生进行力量练习。

(5) 力量游戏。内容包括:背人跑、推小车。组织学生进行游戏,限制在半场范围内。

教师对听哨音运球游戏加以总结并评价。

3. 拓展延伸

(1)游戏:推小车;(2)放松练习;(3)宣布下课。

● 第4课时 灵敏练习 ●

1. 常规积累

(1)操场集合,检查着装,安排见习生;(2)师生问好;(3)宣布本课教学内容和学习目标;(4)球操练习。

2. 过程推进

(1) 绳梯练习。①内容包括双脚向前跳、双脚滑雪跳、双脚跳进跳出、双入单出、踏步高抬腿等;②组织学生进行绳梯灵敏练习;③教师组织学生先进行原地练习,再到绳梯上练习;④让练习过程中表现较好的同学进行展示并加以评价。

(2) 听哨音运球。①游戏方法:学生分组在篮球底线运球,听到单哨音直线往前冲,双哨音掉头跑,看谁的反应快。②教师组织学生进行游戏,限制在全场范围内,提醒学生注意安全。③教师对听哨音运球游戏进行总结并评价。

3. 拓展延伸

(1)游戏:抛球接球;(2)放松练习;(3)宣布下课。

◆ **第5课时　速度练习** ◆

1. 常规积累

(1)操场集合,检查着装,安排见习生;(2)师生问好;(3)宣布本课教学内容和学习目标;(4)反应练习。

2. 过程推进

(1) 篮球步法练习。①各种步法练习小步快跑、高抬腿、后蹬跑、左右交叉步跑、跨跳步跑、原地快频小跑、左右滑步、上步后撤步、交叉步以及综合练习。②教师组织学生进行各种步法练习。

(2) 各种起动跑练习。①各种起动跑练习,原地或移动中,当听或看到信号后,突然起动做各种距离的快跑练习;根据教练员的信号,做徒步或运球的快速起动、冲刺、急停、转身、变向的练习;两人一组并排站立,听或看到信号后,抢2米远处地上的球;还有各种快速过人切入动作等。②组织学生进行各种起动跑练习。

(3) 各种跑的练习。①各种跑的练习,可训练学生在赛场上的观察力以及选择合理位置的能力。如30米、50米跑、5米折回跑,各种折回、往返跑练习;绕过障碍的快速折线跑、变方向跑、弧线跑、曲线跑各种距离的侧身跑、后退跑等。②组织学生进行各种跑练习。③集体评价。

3. 拓展延伸

(1)游戏:10米起步跑比快;(2)放松练习;(3)宣布下课。

◆ **第6课时　反应练习** ◆

1. 常规积累

(1)操场集合,检查着装,安排见习生;(2)师生问好;(3)宣布本课教学内容和学习目标;(4)反应练习小游戏。

2. 过程推进

(1) 无球反应练习。①听口令,看信号的各种起跑,如站立、蹲式、背向跳起落下后马上起动;听哨音变速跑,快速冲跑 10～15 米;听口令变向跑——在快速移动中听信号后突然变向冲跑 10 米;听口令快速转身跑,反复几次;听、看信号后突然做出相应的动作,如教练员喊 1、2、3、4 中某一个数字时,运动员应及时做出事先规定的相应动作。②教师组织学生进行反应练习。③教师组织学生进行集体评价,分析存在的问题。

（2）有球反应练习—运球听哨音练习。①学生分组在篮球底线运球,听到单哨音直线往前冲,双哨音掉头跑,看谁的反应快;②教师组织学生进行游戏,限制在全场范围内,提醒学生注意安全;③教师对听哨音运球游戏加以总结并评价。

3. 拓展延伸

（1）游戏:10 米起步跑比快;（2）放松练习;（3）宣布下课。

参考文献

［1］耿怀明,黄洪亮.例析说课意识淡化的原因和对策[J].中国学校体育,2017(10):59.

［2］叶澜.教育研究方法论初探[M].上海:上海教育出版社,1999.

［3］叶澜."新基础教育"论[M].北京:教育科学出版社,2006.

［4］陶行知.中国教育改造[M].北京:人民出版社,2008.

［5］范国睿.共生与和谐:生态学视野下的学校发展[M].北京:教育科学出版社,2004.

［6］李家成.关怀生命:当代中国学校教育价值取向探[M].北京:教育科学出版社,2006.

［7］王剑峰.新课标下中学篮球教学的优势和发展对策研究[J].三峡大学学报,2009(S1):
326-327.

［8］陈权.成都市金牛区小学校园篮球运动开展状况的研究[D].成都:成都体育学院,2016.

［9］刘吉峰.新课改背景下中小学篮球教学的问题与对策[J].教学与管理,2011(24):
157-158.

［10］佟磊.新课改下对中小学篮球教育的思考与对策[J].科技创新导报,2011(20):166.

［11］梁国栋.浅谈对中小学《体育与健康》课程标准的认识[J].成才之路,2009(29):13.

［12］滕朝阳,王正丰,罗勇.论现代篮球防守理念及主要防守环节[J].成都体育学院学报,
2012(2):59-61.

［13］樊浩.文化与安身立命[M].福州:福建教育出版社,2009.

［14］何晓文.教育-发现与发展学生的潜能[M].北京:教育科学出版社,2007.

［15］耿怀明,司亢.安徽省高校篮球后卫运动员现状及发展对策研究[J].石河子大学学报,
2009(6):163-165.

［16］耿怀明.皖西地区示范性高中篮球教学开展的现状及其影响因素研究[D].北京:首都
体育学校,2011.

［17］耿怀明,钱丽美,赵俊萍.常州市小学体育教师"隐性"工作量知"多少"[J].中国学校体
育,2012(12):16.

［18］耿怀明.做好布置体育家庭作业的"四因"[J].中国学校体育,2013(12):89.

［19］耿怀明,黄宏亮."批评"的价值探究——由体育游戏(红绿灯)引起的思考[J].体育教
学,2014(2):46.

［20］刘超,耿怀明.四借比赛法促篮球校本绽放[J].新课程学习(上),2014(12):16.

后　记

　　龙虎塘实验小学是一所百年老校,具有悠久的办学历史与深厚的文化底蕴,特别是全国第一批青少年篮球特色学校的成功创建让这所诗意校园具备了成为一所名校的潜质,学校大力培植特色学科,把篮球项目作为突破口,打造篮球特色项目学校,遵循"特色项目—学校特色—特色学校"的三步发展过程,打造学校品牌,推进魅力篮球课程在龙小"生根发芽"。

　　篮球是极具竞争性、对抗性的运动项目,也具有极高的锻炼、健身价值,以及欣赏和审美价值。适当的篮球运动能令人身心愉悦,也有助于人们更好地投入学习和工作之中。本书的出版对规范小学篮球教学行为,避免随意性有一定的作用。同时,笔者所在的龙小先后出版了"诗意教育"系列教材、论著,覆盖诗意管理、少儿国学教育、玩转英语、趣玩数学等,是学校管理团队和各领域教师们的智慧结晶。本书撰写的完成要感谢首都体育学院余丽华副教授的学术支持,特别是南京师范大学吴永军教授的定期指导。另外,在本书撰写过程中,还有一些研究者参与做出了很多有助于本书顺利出版的重要贡献,他们是顾惠芬、许华章、苏波、施佳佳、刘超、徐霞、朱文彬、朱慧慧等,在此一并表达感谢!

　　交付信任,投射梦想,青春无畏,永不言败。我们坚信,篮球文化所蕴含的竞争与合作理念、永不言败的拼搏精神、集体荣誉必将在龙小这片沃土生根发芽,照耀远方。

耿怀明

2022 年 12 月 5 日